U0484471

中国民间文艺之乡

河南民权

于2010年被中国民间文艺家协会命名为

中国庄子文化之乡·中国庄子文化研究中心

《中国民间文艺之乡》总编委会
　　总顾问：冯骥才
　　编委会主任：罗　杨
　　编委会副主任：张志学　周燕屏　吕　军

　　总主编：罗　杨
　　常务副总主编：周燕屏　朱　庆
　　副总主编：王锦强　徐岫鹃
　　执行总主编：刘德伟　柴文良
　　执行副总主编：王东升
　　编　　辑：王柏松　周小丽　王素珍　李婉君　龚　方

《中国民间文艺之乡丛书—河南民权》编辑委员会
　　主　任：夏挽群　程健君
　　副主任：乔台山　耿相新
　　委　员：（按姓氏笔画为序）
　　　　　　马志超　马遂昌　王亚光　王兴学　孔繁茹　刘平　刘珊　刘炳强
　　　　　　孙晓玲　孙德兵　邢会昌　李凤有　李书斌　李泽炬　李洪涛　李振峰
　　　　　　严双军　杨永华　杨淑华　张天文　张体龙　张建国　张学勇　张静远
　　　　　　陈大明　赵峰　　赵联群　范大岭　和发科　尚剑飞　姜俊超　袁占才
　　　　　　徐荣　　徐龙欣　徐慧丽　党玉红　高庆民　高丽鹏　奚家坤　梁国栋
　　　　　　韩露　　谢强　　雷泉君
　　编辑部主任：李凤有
　　美术编辑：周洁皓
　　编　　务：王　健　胡永利

《中国庄子文化之乡—河南民权》编辑委员会
　　总策划：姬脉常
　　主　任：张团结
　　副主任：李友先　楚翠昕　周燕　吕志彬　朱华光　赵通　吴忠献　杨思松
　　主　编：杨淑华　尚中兴
　　编　辑：陈先剑　锦传明　董雁萍　韩兵　黄伦生　周脉红　卢彦林　王贵生　白守玉
　　　　　　薛皓　张增峰　潘宇　郭昕　赵卫东　皇甫泽起　李静
　　摄　影：闫鹏亮　张天义　朱建军　刘淑梅　王耕超　屈晓磊　底磊　张德钊　耿倩

中国庄子文化之乡 河南民权

主编 杨淑华 尚中兴

中国文联出版社
http://www.clapnet.cn

文哲大师——庄子

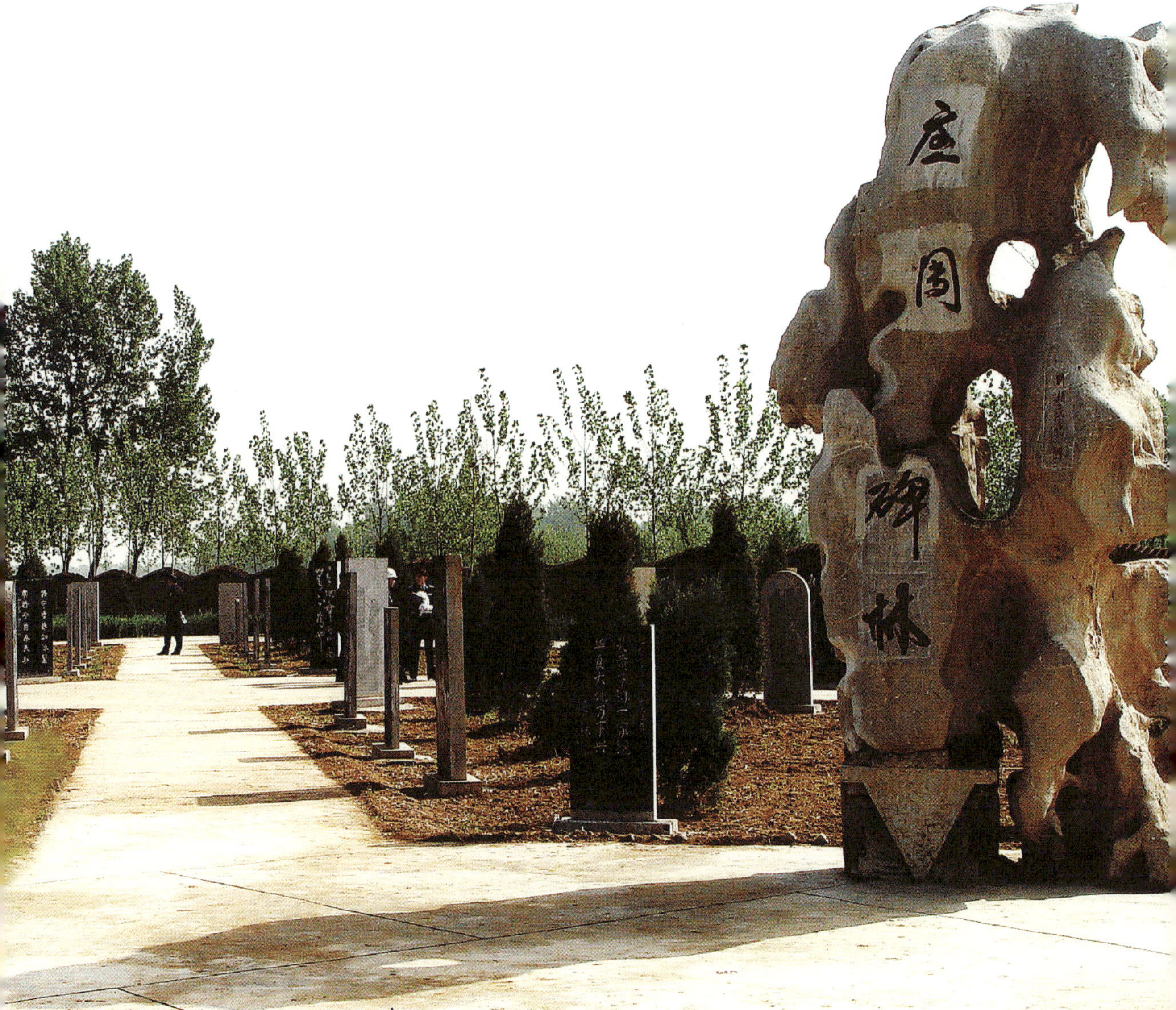

庄周陵

民权乃庄周故里,庄周陵位于民权县庄子镇青莲寺村南五公里处,即老颜集乡唐王庄村东。其陵由前牌坊、东西厢房、祭台、墓冢、碑林五部分组成,为河南省重点文物保护单位,是世界庄严宗亲祭祖圣地。

让民间文艺之花在乡土中绽放

罗 杨

当插秧机在田野里穿梭，打春牛的习俗还会有吗？当电视机进入千家万户，还有老人娓娓道来地讲故事吗？当天气预报准确预测风霜雨雪，农谚还能在生活中流传吗？当嫦娥飞船已经成功探月，嫦娥的传说还保有那份神秘色彩吗？当藏族牧民搬入城镇，格萨尔史诗还能吟唱多久？当农民迁入楼房，古村落社火庙会还会热闹地上演吗？凡此种种，都不禁令人叩问不已。

民间文化是民族文化的摇篮和根基，然而，在全球化发展日趋迅猛，各种思想文化相互激荡的今天，很多民间文化遗产，特别是深藏在偏远乡村的文化遗产正面临窘境：有的因无法传承而濒危，有的因未被重视而灭绝，有的因过度开发而变得面目全非。由此，人们越来越深刻地认识到，保护本民族和本地区的文化遗产，彰显其别具一格的地方文化特色，已成为捍卫民族民间文化独立性的必然选择。由中国民间文艺家协会开展的中国民间文化之乡命名工作，就是一项对地方特色文化进行保护传承的有效举措。

人类生活不仅需要一个生态良好、宜居幸福的物质家园，还要有一个能够让人们随眼入心留下鲜明历史和文化印记的灵魂居所。只有保留住灵魂的家园，才能使人在浮躁的社会里得到更多的心理安宁和身心愉悦，从而提高生存和发展的质量。反之，如果忽视了对当地民俗的尊重和精神传续，就等同割断了历史记忆和文脉传续。这样的家园即使房子盖得再好，设施再现代化，都会使人产生陌生和距离感，无处安放和抚慰屡遭纷扰的心灵。而被需求呼唤出来的民间文艺之乡，正是当今人们赖以生活的家园和灵魂的庇护所。活态沿革的民间文艺之乡不仅记录着本地区历史文化发展的轨迹，也反映着当地民众的道德观念和审美情趣。丰富的历史文化基因和独特的心灵密码使之成为当地人民群众灵魂的归宿。试想，如果没有那些世代流传于村巷阡陌，铭刻于民众心头，穿越历史时空的神话、传说、故事、歌谣以及代表地域特色的民间习俗，人们该如何回味家园和故乡？民间文化寄托着民众的欢乐和悲伤，引导着民众对宇宙、历史、地方和家园万物的理解。离开了民间文化，人们将无法识别和了解一个地方的地域特色和乡土文化。可以说，在广袤的国土上，到处都有独特的地理景观和与之相观照的民俗文化和风物传说。也正是由于有了风土人物等民间文化的晕染，才使一个原本只是地理意义的地方产生了诸如精卫填海、嫦娥奔月、天女下凡、得道升天、风水堪舆、福地洞天等富有传奇色彩的文化意义，有了超越自然景观以外的丰富内涵，从而为本地人勾勒出一幅寄寓心灵深处的乡土画卷，为外来者呈现出一个令人神秘向往的世界。青田的石雕文化，荆州的三国文化，庆阳的香包文化，宜兴的紫砂文化，丽水的龙泉青瓷……人们常常会追问，为什么阆中有个春节老人？为什么涉县唐王山有座女娲宫？为什么这里是愚公的故里？为什么那里是孟姜女哭长城的地方？为什么沙田唱水上民歌？为什么祁连唱藏族拉伊……正是这些历久弥新的风物传说和文化事项，才使一片原本洪荒的土地成为具有深厚文化底蕴的沃土，成为受人关注的地方，也令民间文艺研究者接踵而至。他们对民间文艺之乡的关注并不在于山川秀丽，山花盛开的自然世界，也绝不是要铺陈出一个自然地理的图卷，而是要展开一幅铭刻在中华儿女心中的人文地图。

  民间文艺之乡不容造假和忽悠。随着中国社会经济的发展，民间文化建设越来越受到各方面重视。很多地方通过对本地民间文化的深入挖掘和整理，建设成为富有历史底蕴和文化特色的民间文艺之乡。与此同时，我们也注意到，一些地方出现了拼命寻找和争抢民间历史文化资源的现象，甚至夸大其词制造假象，出现了"先造谣再造庙"浅薄浮躁的诟病，甚至以传承文化的名义打造出一批真实性与文化内涵近乎乌有的假景观和假人物,并藉此大搞商业开发活动。所谓的品牌与名片可以有助于文化的传播与发展,但如果缺失了对文化的虔诚和敬畏,就会造成对文化传统的歪曲和贬低。正因如此,民间文艺之乡的创建应该有自己的品位与追求,有自己的境界与底线,不能停留在市场运作与传媒炒作的层面,不能停留在招牌与名片的层次。任何与民间文化遗产相关的开发项目,都应当考虑其对文化传承的影响。要避免过度开发和不当开发破坏其固有的遗产价值。如果只是按照旅游经济的需求重塑文化认同,以假冒的民间文化代替原生态民间文化,既严重亵渎了民间文化资源,又浪费了大量经费,则必然会贻害子孙,贻害社会。

民间文艺之乡不仅仅是品牌和名片。祖先给我们留下的壮丽河山与丰富的人文遗产,首先是对人类文化多样的完美演绎,是对人类精神世界的满足,是对人民文化生活的丰富,是对人们道德情操的滋养,是对民族精神的凝聚与升华,是对悠久历史与美好未来的寄托与拓展。申办民间文艺之乡只是捍卫传播乡土文化的动力,保护文化根基才是根本,绝不能把"品牌"和"名片"作为建设民间文艺之乡的目的,不应把富矿般的民间文化资源当作商业标签来使用。申报民间文艺之乡决不能只看重一地一时之利,绝不能寅吃卯粮鼠目寸光,要有风物长宜放眼量,着眼长远和未来的襟怀和气魄,把着眼点放在民族民间文化和人类文明的未来上。

民间文化之乡留给我们的是民俗文化传承和积淀的财富,命名民间文艺之乡不是民间文艺抢救保护工作的结束,而是文化传承弘扬和发展的接力跑。民间文艺之乡经专家认证命名后,当地的建设者们还要花更大、更多的人力、财力和物力去确保民间文化"原汁原味"地传承下去,使它的历史价值和文化意义不止步于过去和眼前的光鲜,而是在未来焕发出更加绚烂的光彩。

实践证明,民间文艺之乡是保护抢救民间文化遗产,建设中华民族共有精神家园的有效载体。凡是民间文艺之乡发展好的地区,都呈现出经济发展、社会和谐的局面。人民群众对乡土文化的高度热爱和广泛参与,正在被内化为保护非物质文化遗产的文化自觉,这种文化自觉被转化为巨大的精神动力,在新农村文化建设、构建社会和谐中正释放出不可低估的能量。通过民间文艺之乡的品牌效应，真正实现了历史文化得以彰显，文化设施不断完善，文化精品层出不穷，文化市场繁荣有序，文化产业协调发展，群众文化丰富多彩，文明程度明显提高。因此，充分发挥民间文艺之乡在推动社会主义文化大发展大繁荣中的作用，将是中国民协一个长期的课题和长远的任务。

我们非常高兴地看到，通过我们多年的不懈努力，民间文艺之乡在保护非物质文化遗产、开创地域文化品牌、振奋民族精神、促进地区经济发展与社会和谐中正发挥着不可替代的作用。很多地方政府充分认识到了民间文艺之乡在新农村文化建设中的价值和作用。他们以民间文艺之乡为依托，以树立文化品牌为己任，着眼于文化类型和区域文化的特点，以政府、专家和人民群众的共识为合力，立足保护和传承本地独特的民族文化、传统文化、地域文化等，挖掘整理抢救地区历史和民族文化中蕴含的思想情感、道德观念、信仰意识、价值取向、风土人情、民俗文化等核心内容，对成为当地形象"名片"的文化符号、文化景观、文化标志加以保护和宣传；将地区特色文化融入经济社会发展和新农村建设的方方面面，有效地保持了文化的历史性、丰富性以及多样性、新颖性。我们相信，民间文艺之乡的建设和发展，必将谱写出当代新农村文化和精神家园建设的和谐乐章，必将为后人留下一幅历史文化记忆和地域风采的绚丽画卷。

目 录>>>

序	001
第一章　故道明珠　人杰地灵	001
第二章　庄子文化　源远流长	019
第一节　庄子著书南华山	020
第二节　庄子对哲学的主要贡献	021
第三节　庄子对文学的贡献	031
第四节　《南华真经》与"南华真人"	043
第五节　庄子文化　经典传世	043
第三章　庄子民俗　启蒙后人	051
第一节　编草鞋	052
第二节　剪蝴蝶	053
第三节　下土棋	054
第四节　清炖鱼	055
第五节　斗　鸡	056
第六节　轻仕途	058
第七节　庄子商号	059
第八节　青莲寺庙会	060
第九节　不厚葬	061
第十节　求"庄子井"水	062

第四章　庄子传说　百代常新　　　　065
    第一节　出世蒙泽　　　　066
    第二节　庄周访道　　　　069
    第三节　庄周开店　　　　079
    第四节　漆园名吏　　　　081
    第五节　智谈葫芦　　　　085
    第六节　庄惠谈树　　　　086
    第七节　巧对骷髅　　　　087
    第八节　智斗公孙龙　　　　088
    第九节　诙言辞相　　　　090
    第十节　鼓盆奠妻　　　　092
    第十一节　诲徒处世　　　　093
    第十二节　智应魏王　　　　095
    第十三节　栗园顿悟　　　　096
    第十四节　低处论道　　　　097
    第十五节　庄惠谈和　　　　098
    第十六节　庄惠言用　　　　100
    第十七节　怀念惠施　　　　101
    第十八节　借粮显志　　　　102
    第十九节　论剑救国　　　　103
    第二十节　讥讽曹商　　　　105
    第二十一节　天地棺椁　　　　106

第五章　诗文遴逸　魅力永存　　　　109
    第一节　咏庄诗歌　　　　110
    第二节　谈庄论文　　　　115

第六章　人本和谐　传承文明　　　　　　　　125
　　第一节　中国庄子邮票首发式　　　　　　126
　　第二节　中国民权国际庄子文化节　　　　131
　　第三节　展望未来　前程似锦　　　　　　133

附　录　　　　　　　　　　　　　　　　　　138
　　附录一：庄子语录　　　　　　　　　　　138
　　附录二：民权历史名人　　　　　　　　　147
　　附录三：民权古迹名胜　　　　　　　　　151
　　附录四：民权民间文艺　　　　　　　　　165
　　附录五：民权地方特产　　　　　　　　　180

序

中共民权县委书记 姬脉常

　　中国庄子文化之乡——河南民权，历史悠久，文化丰厚，环境幽雅，誉满神州；素称黄河故道上的美丽绿洲，又恰似镶嵌在豫东平原上的璀璨明珠；物华天宝，人杰地灵，乃中华文明发祥地之一。这里有我国早期龙山文化遗址，有春秋时期齐桓公"九会诸侯"之"葵丘会盟台"，有战国时期庄周之"垂钓台"和庄子墓塚，有南朝文圣之"江淹墓"，有兴建于唐朝的"青莲寺"和"白云禅寺"，有建于宋朝的"双状元塔"。几千年来，物换星移，历尽沧桑，民权这方热土哺育了一代又一代仁人志士，尤其是被尊为"文哲大师"的庄子和由此产生的庄子文化深深地扎根于斯。

　　庄子是中国古代伟大的思想家、哲学家和文学家，是道家学派的创始人之一。他继承、捍卫和发展了老子"道法自然"的思想，认为天地万物"无处而不动，无时而不移"。他那"天人合一"的自然观、"万物一齐"的平等观、"无为而治"的政治观、"物极必反"的辩证观、"安时处顺"的社会观、"淡泊名利"的人生观，构成了其完整的哲学体系。在其哲学思想下所形成的崇尚自然美的文学观以及在此文学观下所创作的一系列寓言，筑起了中国文学史上第一座奇异的宝殿。

在其后的两千多年间，庄子思想受到了许多帝王将相和史学家的尊崇。西汉前期的几代帝王受庄子"无为而治"思想的影响，采取了一系列休养生息的政策，还田于民，鼓励农民返乡生产；尤其是文、景二帝，受庄子思想的影响更深，由此实现了"文景之治"；西汉史学家司马迁称赞庄子"其学无所不窥"。魏晋南北朝时，庄子思想倍受重视，研究庄子者颇多，其中以郭象的研究尤为深刻，他的《〈庄子〉注》是当时较有影响的哲学著作，在其书序言中称庄子为"百家之冠"。唐朝时，特别是唐玄宗，为进一步神化李氏江山，打出了李耳（老子）旗帜，道家思想遂盛行。于是，庄子被提到了至尊的地位。公元742年，唐玄宗嘉封庄子为"南华真人"，诏号《庄子》为《南华真经》。

帝王们的崇庄之举，引起了全社会的巨大反响。首先，对知识分子影响较大，出现了专讲《庄子》的教授；咏庄的诗人更是层出不穷，唐朝的李白、杜甫、白居易、王维、高适，宋朝的王安石、苏东坡、宋祁等均有咏庄金韵。其次，对庄子故里的人影响更大。为让庄子故里能成为讲述庄子文化的大讲堂，地方官员便组织当地百姓在庄子出生地蒙泽村建起了"青莲寺"。从此，庄子出生地蒙泽村便更名为"青莲寺村"。青莲寺初成之时，占地五百余亩，规模之大，品位之高，黄河南北，莫能比者。其寺后为黄洪所毁。至明朝"天启"六年，青莲寺得以复修，并立碑以记之。至今，此碑尚存于民权县庄子镇青莲寺村东，是庄子故里在民权的又一历史佐证。

元、明、清时，虽然少数民族交替执政，但庄子文化仍得以传承，即使在近现代内忧外患不断的特殊历史条件下，庄子文化仍未中断。可以说，庄子文化早已写进了我们民族优秀传统文化的史册，并堪称灿烂的一页。

新中国成立后，庄子故里人民在党的英明正确领导下，经过历届县委政府的努力，使其面貌发生了翻天覆地的变化。改革开放以来，特别是在全面建设小康社会、实现中华民族伟大复兴新的历史时期，民权县委县政府，紧紧抓住

"文哲大师"这一文化品牌，在狠抓经济建设之同时，不断加强了对庄子文化的弘扬与传承工作。一九九五年重修了庄周陵；同年5月，中央电视台《中华文明之光》大型系列片摄制组所拍摄的《庄子》内容在民权完成；同年8月5日起，通过中央电视台一、二套卫星节目先后播放，在国内外引起良好反响。进入新世纪以来，我们不断加大了庄子文化的推广力度，在扩大其正面影响上狠下功夫。为此，自2000年以来，我们先后成功举办了五届"中国民权国际庄子文化节"，完成了庄周陵二期工程建设；标志性建筑"庄子文化馆"现已投入使用。来民权学习庄子文化的中外客人络绎不绝。今天，庄子不仅是民权庄子，中国庄子，而且也是世界庄子；庄子文化不仅影响着民权，影响着中国，而且也影响着世界；今天的庄子文化比以往任何时候都更加灿烂辉煌；今天的庄子故里，更是成了世界庄严宗亲寻根拜祖之地。新世纪以来，世界格局的变化特点越来越显示庄子思想的正确性。他那"太和万物"、"以人为本"、"修身养性"、"安时处顺"的思想为越来越多的人所接受。历史已做出结论：黄河流域的历史文化因有了庄子而显得更加厚重了；中国的历史文化因有了庄子更具有了包容性；世界历史文化因有了庄子而更显其统一性。可以预言：人类将在和谐社会的构建中走向更加美好的未来。

从上述意义上说，民权人民的责任更大了。为向历史负责，向现实负责，向未来负责，民权县委县政府将不遗余力，勇敢地肩负起历史所赋予的光荣使命，带领全县人民，群策群力，把中国庄子文化之乡河南民权建设得更加美好，使之在实现庄子文化大发展，大繁荣中发挥更加积极的作用，努力谱写庄子文化之乡建设新篇章。

是为序。

逍遥之祖　　莊周聖陵

第一章

故道明珠 人杰地灵

中国庄子文化之乡——民权位于中原腹地，有着明显的区位优势。她历经沧桑，文化厚重；特产众多，资源丰富；产业发展，前景广阔；旅游胜地，吸引游客；新城开发，日新月异；旧城改造，竞创奇迹；一片绿洲，无限生机。

河南民权是庄周故里。庄子（约公元前396—前286）是战国时代人，为我国古代著名的思想家、哲学家和文学家，其代表著作《庄子》。在民权，在经典文化广泛传播的同时，还存在着丰富而又厚重的庄子民间文化。民权庄子民间文化是庄子经典文化生长的土壤，庄子经典文化的世代传承又使得民权庄子民间文化浓郁厚重，两者相得益彰。

中国庄子文化之乡民权县历史悠久，人杰地灵，文化底蕴十分丰厚。早在4000多年前，就有先民在此繁衍生息，为早期龙山文化的发祥地。春秋战国时属宋国。公元前286年宋国为齐、魏、楚三国所灭，其北部和东部划归齐国，西部划归魏国，南部划归楚国。公元前221年秦统一六国后，其归属砀郡。汉章帝建初八年（公元83年）归属考城（见《后汉书》），直至明朝，皆属考城。清朝末年，分属考城、睢州、杞县。"民国"十七年（1928年），经时任河南省国民政府主席冯玉祥批准，划睢县北三区、杞县北五社设县，取孙中山"三民主义"之"民权"为名，遂有"民权县"治。现今的民权县，下辖18个乡镇、529个行政村，总人口90.1万，县域面积1222平方公里。

区位优越，交通便捷。民权县位于河南省东部，北纬34°31'~34°52'，东经114°49'~115°28'，东西长57.8公里，南北宽36.9公里。东临汉兴之地徐

高铁民权北站

州，商业发祥地商丘，西接九朝故都开封，南邻豫东重镇周口，北依"牡丹之乡"山东菏泽。区位优势十分凸显，素有故道明珠之称。310国道、连霍高速、陇海铁路、郑徐高铁、郑民高速横贯全境。国道、省道和县乡村公路构成了四通八达方便快捷的交通网络。

文化厚重，生态优美。民权县历史悠久，人才辈出。灿烂的历史文化与优美的自然人文景观交相辉映，名声远扬。"文哲大师"庄子、"梦笔生花"的南朝文圣江淹、宋朝兄弟双状元宋祁、宋庠、清朝第一清官王贯三等千古流芳；中州四大名寺之一的千年古刹白云禅寺，齐桓公九合诸侯的葵丘会盟台，

民权城东新区

第一章 故道明珠 人杰地灵

中国民间文艺之乡

民权西红柿 　　　　　　　　　　　人和苹果

龙泽湖鲤鱼 　　　　　　　　　　　秋水湖河蟹

"中国画虎第一村"王公庄美名远扬。豫东最大的秋水湖、龙泽湖和被誉为"绿色长城"的亚洲四大人造防护林之一的申甘林带构成了独特的人文自然景观,吸引了国内外的游客来此旅游观光。

特产丰饶,资源丰富。 民权县地处黄淮冲积平原北部,地势北高南低,受冬夏季风的影响,表现出典型的暖温带大陆性气候,夏季炎热多雨,秋季日照充足。非常适宜农作物的生长。所以,民权县既是粮食生产大县,也是"泡桐之乡"和"葡萄王国",为全国"十大葡萄种植基地和全国优质棉、优质苹果、绿色肉羊生产基地",被评为"全国粮食生产先进县"、"全国油粮百强县"、"全国平原绿化高级达标县"。水产业很有名,是"中国河蟹之乡"。人力资源丰富,是劳务输出大县、全国农村劳动力转移就业工作示范县,县域内每年有20万富余劳动力。

设施完备，功能齐全。在强力推进县委、县政府"一城四区"发展战略的思想指引下，城东新区的开发日新月异，城西老区面貌焕然一新；城南产业高新技术开发区框架逐步拉大，被称为河南省"十强产业集聚区"、"全省十佳示范产业集聚区和河南冷链物流装备高新技术特色产业基地"，"以产兴城、依城促产、产城融合"的格局日臻完善，为民权县科学可持续发展开辟了新天地。

产业突出，前景广阔。依托优势，完善配套设施，积极培育制冷、果酒、电力、农产品加工四大主导产业。现今，全县拥有制冷企业25家，培养了冰熊、奥爱斯等制冷品牌，引进了万宝、澳柯玛、香雪海、华美、飞龙等制冷企业。冰熊冷柜、冷藏车年产量能分别达到1200万台和15万辆。民权制造的冷藏车在国内市场占有率达40%，稳居全国第一。九鼎葡萄酒、神舟酒业、果之源饮品等企业产销两旺，果酒工业步入发展快车道。投资45亿元的国电民权电厂一期运行良好。新型建材、水泥、石膏、食品加工等衍生产业发展迅猛。神人助粮油、双龙粉业、长岭花生等农产品加工业规模和效益同步提升。四大主导产业撑起了民权工业发展的一片蓝天，为县域经济快速发展注入了新的活力。

民权县一城四区总体规划图

优势凸显，生机无限。勤劳智慧的民权人民，不仅创造了灿烂的古代文明，而且还创造了辉煌的当代文明。2007年，被中国美协授予"全国文化（美术）产业示范基地"荣誉称号。2009年，被中国渔业协会河蟹分会授予"中国河蟹之乡"荣誉称号。2009年10月，被国务院授予"全国民族团结进步先进县"。2010年5月，被中国科学技术协会授予"全国科普示范县"。2010年10月，被农业部、农监总局联合授予"全国平安农机创建先进县"。2011年，被文化部授予"中国民间文化艺术之乡"。2012年10月，被中国渔业协会授予"中国休闲垂钓之乡"。2012年12月，被农业部授予"全国粮食生产先进县"。2013年4月被全国绿化委员会授予"全国首批平原绿化先进县"。2013年，被国家统计局授予"全国油料百强县"。

旅游文化，前景广阔。便利的交通，丰厚的自然人文景观，独特的区位优势，使民权的旅游业呈现出光明的前景。

民权县著名的"民权八景"历来为游客所称道。它们是："盟台夕照"、"仙观飞霞"、"江墓秋风"、"李祠雨霁"、"傅塔明蟾"、"梁林曲

河南民权

浓荫蔽日的申甘林带

水"、"故道烟柳"、"沁河桃波"。此八景古人皆以"七律"诗赞之。

今日景区，整修一新，更是看点多多，景色宜人。"千年古刹白云寺"、"龙山文化遗址"、"江淹墓"、"庄周陵"、"葵丘会盟台"、"庄子井"等。将会成为吸引国内外游人的新亮点。更有在建的国家级湿地公园、森林公园及黄河故道生态走廊，将成为吸引国内外游人的新亮点。

随着改革开放的不断深入，民权的知名度和美誉度越来越高，社会声誉愈来愈好，来此观光旅游者与日俱增。为满足广大游客的需要，民权县委、县政府制定了新的旅游开发计划，不断加大投入，各景点都得到了不同程度的改善，环境更加优雅，无论是自然景观，还是人文景观，都增添了其自身的魅力。在"文化兴县"的伟大实践中，旅游文化必将发挥越来越大的作用。

新城开发，日新月异。为改善城镇居民居住环境，加快民权城镇化建设，提高民权城市品位，进入新世纪以来，县委、县政府高瞻远瞩，制定并实施了宏伟的县城开发建设计划。提出了"一年成势，三年成形，五年成城"的口

第一章　故道明珠　人杰地灵

龙山文化陶器

号，创造了前所未有的新城开发方面的"民权速度"，受到了上级领导的多次嘉奖。

走进今日民权，东区新城，让人心旷神怡。一幢幢高楼拔地而起，一个个小区新颖别致，"东郡花园"、"六合锦园"、"清华园"、"峰景一号"、"金居怡景"、"新安国际"、"盛世名门"、"富华城"、"格兰艺堡"、"小乔国际"、"中置华府"、"龙兴新城"组成了东区新城的主体，彰显着各自的风采。"博爱路"、"江山大道"、"人民东路"、"秋水东路"、"和平路"、两纵三横，构成了东区新城的主体框架。一座现代化的中等城市即将形成，来此参观者络绎不绝，人们都说："民权的发展太快了，快得让人都不可想象。"

商丘市委做出了"一核两翼"部署，民权县已成为"一核两翼"的西翼。"东学永城，西学民权"口号的提出，必将更进一步加快民权的城镇化建设，新城将使民权人民的生活更美好。

旧城改造，千帆竞发。为最大限度地加快城镇化建设步伐，民权县委、县政府采取了"开新城，改旧城"两条腿走路的办法，取得了显著成效。

旧城改造以改造人民路两侧的环境为突破口，"人民路"是民权县城中的主干道。从一定意义上说，"人民路"两侧环境的好坏，就代表了民权县旧城环境水平的高低。为此，县委、县政府走招商引资之路，以老水利局院、老剧院、老一高教师公寓为突破口，开始了旧城改造。经过几年的努力，水利局小区、旧剧院小区已全部入户，使人民路两侧的环境焕然一新。

庄周大道是旧城中的第二条主干道，配合庄子文化建设，县委县政府对庄周大道也实施了改造，

东区夜景璀璨迷人

产业集聚区　诚招八方客商

此项工作正在有序进行中。随着新城开发和旧城改造的同时进行，民权的城镇化建设进一步加快，民权人民的生活水平也随之迅速提高。

高新开发　集聚效应。民权县高新技术开发区位于县城南部，南邻连霍高速、北邻陇海铁路、东与宁陵接壤，是省政府批准的全省180个产业集聚区之一。2012年3月，被河南省人民政府批准设立为省级高新技术产业开发区。聚集区总规划面积26平方公里，其中发展区16平方公里，拓展区10平方公里。以制冷为主的家电制造和以果酒为主的食品加工业为聚集区两大主导产业。先后被省政府评为全省"十强"、"十先"产业集聚区，被省工业厅命名为"新型工业化产业示范基地"，被省科技厅命名为"冷链物流装备高新技术特色产业基地"。2012年12月，被中国轻工协会和中国家电协会联合授予"中国制冷设备产业基地"光荣称号。2013年4月，荣获全省"十快"产业集聚区。

硬件环境技术情况：按照产业集聚区建设"三规合一"要求，紧紧围绕"大投入、大建设、大发展带来大变化"这一目标，采取政府投资、土地置换、贷款融资、争取项目等多元化筹资方式，全面加强集聚区道路、供排水、电力、通讯和亮化、绿化工程建设。2012年以来，集聚区内先后开工建成了外环路、建业路、江山大道、中山大道等多条道路，区内骨干道路通车里程达90

河南民权高新技术产业开发区企业分布图

余公里，构建了"五横十二纵"交通网络，骨干道路实现了"六通一平"和全面绿化、亮化，一次完成了集聚区一期16平方公里框架建设。按照"产城融合，以城促产，以产兴城"的发展要求，在集聚区骨干道路和管网与县城区道路、管网无缝对接，区内电话、宽带等信息化工程实现了全覆盖。同时，为创优发展硬件环境，开工建设了庄子文化馆、工业展览馆、农业展览馆、科技馆等"四馆"；规划建设了行政服务中心、制冷检测中心、葡萄酒研发中心、生活服务中心等"四中心"；挂牌成立了中科院制冷院士工作站和中华人民共和国商丘出入境检验检疫局民权办事处；高标准建设了南华安置社区、产业工人培训基地、体育中心、商务中心等一批公共服务设施。2013年，"中国冷谷"发展规划顺利通过国家发改委、工信部、住建部、中国家电协会等专家评审。

特色产业培育发展情况：一是增大项目抓承接。围绕做大做强制冷产业，建设壮大中国制冷产业基地目标，深入开展集群式承接产业转移活动，立足区位、资源、产业、环境等十大优势，有针对性地开展承接产业转移专题对接活动；二是选准区域抓承接。客观分析全国制冷产业分布现状，科学遴选家电之都、民营制冷企业集中的浙江慈溪、广东中山等地作为主区域，巧借当地家电

产业集聚区

协会，特别是冰洗协会的桥梁纽带作用，坐地开展对接活动，多次成功举办"县情说明暨招商项目推荐会"；三是强化宣传抓承接。在央视黄金时段播出打造制冷产业基地的广告，在连霍高速民权段设置60余个大型广告牌，举办了企业产品成果展览会、协助企业举办全国订货会，叫响了"民权制冷"名片；四是严格管理抓承接。把承接产业转移列入年度目标考核，推行成果公示制度，实行"一票否决"，增强了领导干部的压力感和年终奖罚的透明度，确保承接产业转移工作的顺利开展。2013年以来，为加快制冷产业集群培育、在与中国家电协会、省工信厅、商丘市政府三方签署联合打造中国制冷产业基地合作协议的基础上，在广东中山成功举办了中国制冷产业发展情况说明会，组团参加了中国家电展会、上海制冷展会、郑州中博会等活动。截至目前，区内制冷产业已入驻整机装配企业24家，制冷配件企业40余家，各种型号冰箱、冷柜年产量达1200万台，系列冷藏保温车年产旋达1.5万辆，拥有"万宝、"澳

民权制冷企业掠影

河南民权

生产图

柯玛"、"香雪海"、"华美"、"冰熊"、"兆邦"、"松川"等多个国内著名制冷品牌。2013年区内冰熊压缩机项目建成投产，填补了省内空白。

创新服务提升情况：一是加强服务平台建设，提升服务能力。为进一步加快集聚区建设和企业发展，民权县着力用硬措施打造软环境。一是完善公共服务平台。超前谋划，合理布局，开工建设了一批公共服务项目．其中产业集聚区行政服务中心、专家楼、职工公寓已于2012年建成并投入使用；产业工人培训基地、工人子弟学校、体育健身中心、商务中心等基础设施连年有所推进，进一步完善了集聚区服务功能。二是构筑技术服务平台。从服务主导产业发展、提升产业竞争力的角度出发，多方筹措资金，建成了河南省制冷、葡萄酒两个省级监测中心，其中制冷检测中心筹新中国成立家级制冷检测中心于2013年4月通过国家质检总局组织的专家评审。同时，成功申报设立了中科院制冷专业院士工作站，积极创新制冷民权标准，为制冷产业快速健康发展提供了强有力的技术支撑。三是搭建融资服务台。通过争取政策资金、整合财政资金、吸纳社会资金等多种方式，先后成立了金鑫中小企业担保中心、金联投融资有限公司。目前，两家担保公司资本金均扩充到了5000万元，担保能力达3亿元，为集聚区建设和企业发展提供了资金保障。四是加快建设新型农村社区。将新型农村社区建设与集聚区内村庄搬迁相结合，规划设计了南华等新型农村社区，加快了城镇化进程，实现了产城融合、互动发展。四是创新服务方式，增强服务水

第一章　故道明珠　人杰地灵

013

平。县政府在项目建设方面建立完善了项目联审联批、企业"绿卡"制度，在建设用地、贷款融资、人才引进、企业宣传等方面制定了多种优惠政策。深入开展"企业发展服务年"活动，县直单位干部职工到企业对口帮扶，将帮助企业招聘工人纳入年度目标考核，认真落实为企业免费招聘工人、免费上岗培训、免费技能提升"三免"政策。大力推行"四个一"工作法，即县委、县政府定期召开一次企业运行分析会，职能部门一旬到帮扶企业走访一次，县领导一月到联系企业现场办公一次，县工业领导组一季度召开一次银企洽谈会，动态掌握企业运营情况，及时帮助企业排忧解难。为服务新上项目建设，特别是对入驻的重点项目实行了"一个项目、一套人马"的保姆式帮扶方式，采取"五加二"、"白加黑"等工作方法，有力地促进了新上项目早建成、早投产、早见效。

通过近年来的建设发展，民权产业集聚区已成为民权县域经济发展的龙头，加快了民权县老城区、新城区和集聚区"三区"产城融合步伐。

制冷企业车间

一是城市框架逐步拉大，承载力显著提升。产业集聚区成立之初，民权县仅有的老城区面积不足20平方公里。近年来，随着南部集聚区建设的快速发展、东部县城新城区的建设，如今，民权县城市建成区面积已达近60平方公里，特别是随着区内企业用工的增多，城区人口的大量增多，推动城市的承载能力显著提升，促进了城市的良性发展。

二是产业集群效应突出，辐射力明显增强。经过近年来的发展，民权产业集聚区内以制冷为主的主导产业发展势头强劲。目前已形成以冷藏汽车、冷柜、冰箱为主导产品，拥有冰熊冷藏车、松川专用车、万宝、澳柯玛、香雪海、兆邦电器等整机装备企业以及冰熊压缩机、昂捷制冷、顺远包装等制冷配件企业60余家的产业集群。制冷企业已形成较为完备的制冷产业链条，制冷产业集群效应初步形成。

新农村建设，高潮迭起。在加快城镇化建设的同时，新农村建设也是高潮迭起，民权县的新农村建设大致经历了这样几个阶段：平房变楼房，实现排房

中国制冷机电产品质量监督检验中心

吴堂新村农贸大街

化；公路村村通，城乡快运一条龙和"万人村"建设。农村剩余劳动力再就业形势良好；由原来的单一农业向综合农业发展，农村合作医疗，使农民群众普遍受益，义务教育制度使农民的子女入学率达100%。农村敬老院纷纷建立，实现了老有所养，老有所医。

在进行物质文明建设的同时，注重了精神文明建设，不少村建立了"农业科技馆"、"三农服务站"、"老年活动中心"、"妇女儿童活动中心"、"农民文化广场"等，使农民的综合素质不断得到提高，使农村面貌发生了可喜的变化。在新农村建设中，出现了许多创建典型，如龙塘镇的吴堂新村，褚庙乡的刘通新村等。这些新村正引领一股建设新潮，必将把民权新农村建设推向新阶段。

当代作家尚中兴先生曾作《庄子故里赋》歌颂自己的家乡，特收录于此：

庄子故里，民权新县。誉满九州，名震中原。

自然风光，水秀林青。春夏秋冬，四季分明。

喜春之归兮，岸柳婆娑呈妩媚；看蝶之舞兮，杂花生树蜂陶醉；沐风之柔兮，佛面不寒人快慰；漉雨之细兮，润物无声百草荟……

乐夏之来兮，夜短昼长日光炎。辽阔平原，麦黄豆青苹果红；雨霁虹消，荷香鱼肥湖水明。秋水龙泽，白帆点点客荡舟；申甘林带，林涛阵阵鸟争鸣……

咏秋之至兮，天高云淡气尤清，霜华枫赤月光明；喜硕果之累累兮，叹雁声之阵阵；惜古贤之多悲秋兮，安知南华真人？朋自远方来兮，庄周故里情深；临圣人之教化，传中华之文明；仰道德之故乡，结今生之友朋……

感冬之临兮，气冽冽兮月公明，风萧萧兮河水凝。白雪皑皑夜悠悠，红霞朵朵云蒸蒸。立凌云之壮志，抒旷世之豪情；品红梅之暗香，看白云之倩形……

历史悠久，文明摇篮；圣贤辈出，智慧无限。

追春秋之悠悠，溯战国之茫然。仲尼周游兮至此，子休垂钓兮濮滨。齐桓公大会诸侯于葵丘，唐一僧智建宝刹于白云。南齐江淹，文韬武略，恨别两赋催人泪；宋代宋祁，德懿才高，巍巍双塔傲乾坤……

民权人民，大智大勇；与时俱进，传统光荣。颂义和团抗击八国联军，赞太平军追求贫富平等。迎叶挺铁军北伐，"讨三贼"光复中原；援冯君督军河南，擎"三民"始建民权。驱日寇，李馆地道显神威；助刘邓，中原逐鹿建奇功；抗美援朝，鸭绿江畔功赫赫；改革开放，责任田里乐融融……

看今朝，故道两岸，千顷沃野如碧玉；新城四周，万丈高楼似林立。人民新路，点点霓虹龙腾空；庄周大道，家家商店凤展翼。西城改造，数帆竞渡江流湍；东区建设，万马奔腾日千里。南北高速贯全境，东西天桥架长虹。"东方""新亚"，超市商品万家乐；"庄子""民生"，广场文化千般祥。南华园区，工业生产蒸蒸日上；王公庄村，农民画虎虎虎生威；孙六国电，打造中原第一强；吴堂新村，引领时代新风尚。传统特产，花生大枣，香甜可口，海外市场抢手货；新育品种，苹果葡萄，沁人心脾，国内行情喜讯多……

文化产业园，百花始盛开：河蟹美食文化，美味佳肴，香飘万里云天外；

庄子历史文化，誉满全球，五湖四海亲朋来；农民绘画文化，丹青献艺，大小虎王显身手；庄子文化馆，理念全新，天圆地方蝶徘徊……

旅游事业，前景广阔。白云禅寺，古刹洪钟送祥和；葵丘盟台，昔日春秋联合国；玫瑰园中藏秀气，植物苑里舒碧罗；新城霓虹呈妩媚，故道烟柳任婆娑……

民权如此多娇，焉能不游乎！

第二章 庄子文化 源远流长

庄子文化，博大精深；《庄子》奇书，语惊世人；文哲大师，中外景仰；道法自然，意味深长。南华真人，荣耀古今；《南华真经》，万古永存。逍遥之祖，美名远播；齐物高论，平等善和；天地天道，忠孝双全；修身养性，可得永年。

庄子文化既包括庄子及其门徒所创造的文化，也包括后人研究庄子所形成的庞大文化体系。就其前者而言，主要是指庄子本人将自身的文化元素在南华山上完成了质的飞跃。著书十余万言，经其门徒完善而形成了《庄子》一书；从其后者而言，主要是指后世文人墨客、达官显贵以及国君受庄子思想影响形成的庄子文化。从其书中我们发现，庄子对中国文学和哲学都做出了巨大的贡献，他是将文学与哲学结合最完美的人。因此，《庄子》一书历来被称作"文学之哲学"、"哲学之文学"，庄子则被称为"文哲大师"。至唐玄宗则嘉封庄子为"南华真人"，诏令《庄子》为《南华真经》。因而使《庄子》中的许多经典和由此产生的经典文化得以传世，影响至今，光照后人。

第一节　庄子著书南华山

庄子辞去"漆园吏"，隐居家乡青莲寺村，开始了田园生活。虽然如此，庄子的才华却为各国诸侯所知晓。因此，前来请庄子"出山"的诸侯王很多。楚国、齐国、宋国都相继派使者高薪聘请庄子为相，均被庄子一一拒绝。庄子虽然没有做过高官，但他很有治国之才，"无为而治"就是他的最高政治主张；"天地与我并生，万物与我为一"就是他的最高哲学境界。所以，他久有著书之意。为了摆脱诸侯的干扰，自己能静心著书立说，于是，他便产生了隐居山林之思想。去哪儿更好呢？思来想去，他想到了鲁国境内的南华山。这里风景幽雅，距家又近，且少战争，实为理想之地。

庄子在南华山隐居著书十余年，凡五十二篇，十余万字（见《汉书·艺文志》）。后经郭象删减，今存三十三篇。分"内篇"、"外篇"、"杂篇"三部分。其中"内篇"七篇：《逍遥游》、《齐物论》、《养生主》、《人世间》、《德充符》、《大宗师》、《应帝王》；"外篇"十五篇《骈拇》、《马蹄》、《胠箧》、《在宥》、《天地》、《天道》、《天运》、《刻意》、《缮性》、《秋水》、《至乐》、《达生》、《山木》、《田子方》、《知北游》；"杂篇"十一篇：《庚桑楚》、《徐无鬼》、《则阳》、《外物》、《寓言》、《让王》、《盗跖》、《说剑》《渔夫》、《列御寇》、《天下》。后世人认为，

"内篇"为庄子本人所著,"外篇"、"杂篇"为庄子弟子或后世学者所著,但"三者"的文风基本一致。故三十三篇合在一起,仍是完美的整体,对后世影响极大。《庄子》一书是道家经典之一,既是战国时期重要的哲学著作,又是杰出的散文,是后世研究"文哲大师"庄子的重要文献。

第二节 庄子对哲学的主要贡献

庄子是战国时期伟大的哲学家。作为哲学家,他不懈地探索宇宙奥秘,有着自己独特的世界观、人生观和价值观,建立了自己完整的哲学思想体系,对人类哲学做出了突出贡献。

一、"天人合一"的自然观

庄子从本体论出发,提出了以人为本,天人合一的观点。庄子认为,人类和自然是一个不可分割的整体,人也是自然的一部分,二者都统一于"道"。他在《天地》一文中开篇写道:"天地虽大,其化均也;万物虽多,其治一也;人卒虽众,其主君也。"这是庄子对"天人合一"自然观的精辟概况。

"天人合一"思想是庄子哲学的重要内容,它包括三层意思想:其一,人类是自然的一部分。庄子认为,"人法地、地法天、天法道、道法自然"是亘古不变的规律;而任何规律都源于事物的本然,不受他人或他物的影响。所以,人类和自然各有其道。且各循其道而自化。庄子认为,宇宙万物"天动而不变,天时而不移。"庄子不仅发现了宇宙事物千差万别的一面,而且通过纷繁复杂的"乱象"找到了人和自然的共同本质。即自然万物(包括人类在内)都是由元气组成。元气又分为"阴气"和"阳气",人和自然都是由阴阳二气组合而成。他在《知北游》中说:"人之生,气之聚也。聚则为生,散则为死,自然之理也。"这就是说人从自然中来,又回到自然中去,生与死都是自然现象。

其二,人类必须按照自然规律安排自己的活动。通过观察和研究,庄子发现,任何事物的变化,都有其内在原因,都不受人类思维制约,这种内在的必然联系就是"道",即自然规律。人类在自然规律面前,只能顺应之,即是说，人类既不能人为地改变规律，也不能创造规律。如太阳"出之东隅，收之桑榆"，"昼明夜暗"、"日阳月阴"等自然规律都是人们根本无法改变的。正如庄子所说："天地固有常矣，日月固有明矣，星辰固有列矣，禽兽固有群矣，树木固有立矣。"既然人类不能改变规律，那么，人类所能做的。应是顺应自然规律，按自然规律安排自己的活动，与自然规律保持一致。真正达到"天人合一"，只有这样，人类才能生存。

其三，回归自然，返璞归真。庄子认为，在当时，人作为认识的主体，已失去了本然；作为认识的客体，亦失去了本然，从前者说，人作为认识的主体，已不能正确地认识客观存在，表现在国与国之间的相互攻伐，人与人之间的尔虞我诈，，臣弑君，子杀父现象时有发生。所有这些，都是"世丧道"的表现。只有返璞归真，回归人的本然，实现"天人合一"，才是人类的正确出路。

庄子不仅为人类指出了一条自救的路，而且还为人类指出了怎样走这条路。为此，庄子推出了三类人作为人类学习的楷模，此三类人是"至人"、

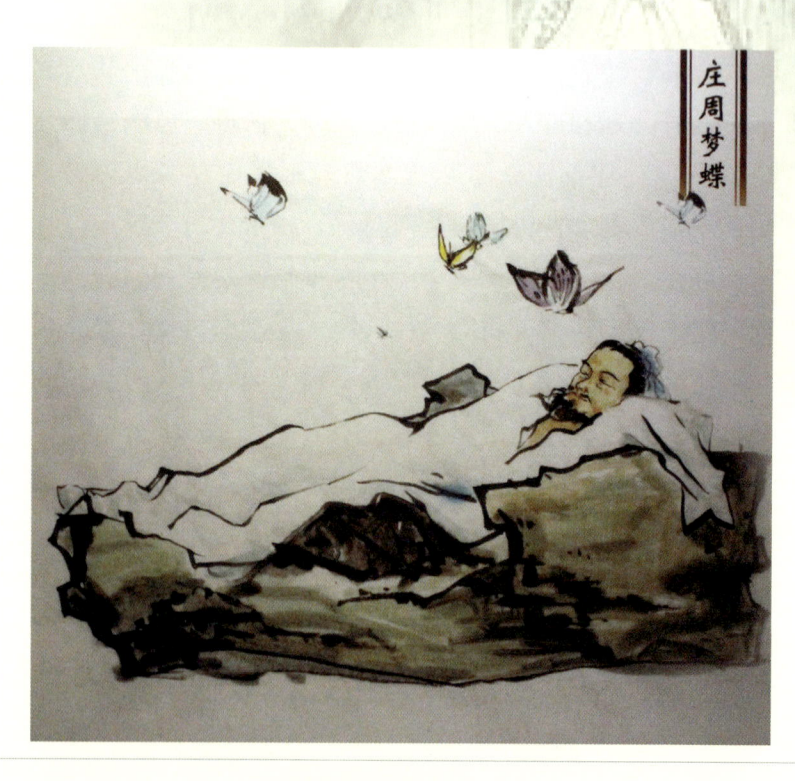

庄周梦蝶

"神人"、"圣人"。用庄子的话说就是"至人无己,神人无功,圣人无名"。其实,他自己才是真正的"至人"、"神人"和"圣人"。他那"天地与我并生,万物与无我为一"的至高精神境界,他那"独与天地精神往来"的至高追求,使他真正实现了"天人合一"的美好理想。

二、"物极必反"的辩证观

所谓"物极必反"是说事物发展到极端,就会向相反的方面转变,这是庄子著名的辩证法思想,也是对哲学的巨大贡献,颇受历代哲学家所重视。

庄子在《则阳》一文中,记述了少知与大公调的一段对话,表明了自己"物极必反"的辩证观。少知曰:"四方之内,六合之里,万物之所生恶起?"大公调曰:"阴阳相照相盖相治,四时相代相生相杀,欲恶去就于是桥起,雌雄片合于是庸有。安危相易,祸福相生,缓急相摩,聚散以成。此名实之可纪,精微之可志也。随序之相理,桥运之相使,穷则反,终则始,此物之所有。言之所尽,知之所至,极物而已"。这就是庄子"物极必反"辩证观的最生动,最形象的描述。

庄子在树立了"元气说"之后,便开始寻找事物运动变化的原因及其规律。通过研究,他发现事物的运动是因为事物内部阴阳二气的相互作用,即阴阳二气既相互对立,又相互统一。当阳气处于主导地位时,事物就处于发展的状态;当阴气占主导对位的时候,事物就会逐步走向衰亡,从而导致新事物的诞生。这样的循环往复,以至无穷,使事物永久地处于不停地运动,变化,发展之中。

庄子在《知北游》一文中,把"物极必反"的辩证法思想形象地概括为"臭腐复化为神奇,神奇复化为臭腐"。这里,也是在告诉人们:一个人若不注意加强自身修养,素质就会退化,好人也会变坏;相反,通过学习和改造。自觉提高自身素质,坏人也可以变成好人;所以说,好与坏也不是一成不变的,而是出于不停地运动和变化之中,物物皆然,人人皆然。

庄子"物极必反"的辩证观,旨在告诉我们:要用辩证的运动的,普通联系的,发展的观点看待万事万物和人类社会,尊重自然规律,反对形而上学,不要故步自封,要自觉地加强学习,不断地提高自身素质,增强拒腐防变的能力。

三、"与时俱化"的发展观

"与时俱化"的观点是庄子哲学思想的重要标志,是庄子在更高层次上对人类社会发展规律的准确把握。

有一次,弟子问庄子应如何处世,庄子说:"因将处于材与不材质之间。材与不材质间,似之而诽也,故未免乎累。若夫乘道德而浮游则不然,无鉴无訾,一龙一蛇,与时俱化。"

庄子"与时俱化"的发展观主要包括以下几点:

顺其自然,适者生存 庄子认为:"自然"应包括两方面的内容:其一是宇宙中的万事万物(包括人类在内);其二是存在于万事万物内部的自然法则,即自然规律。庄子称其为"道"。自然界的无穷大,决定了"道"的无穷大。"道"作为自然界和人类社会的总规律,是不允许被破坏的,如果有人要破坏,必须要受到自然规律的惩罚,甚至无法生存。所以,人类在自然规律面前,必须顺其自然。只有顺应自然规律,人类才能得以生存和发展。

作为主体的人,所谓"顺其自然",就是要遵循人类社会的自身规律,又要遵循自然界的总规律;既要适应社会的需要,又要适应自然的需要。人之与自然、社会规律,顺之者昌,逆之者亡。

庄子又认为,人遵循是"德",即德是人类对待道所应有的正确态度。"德"又是有层次的,可分为上、中、下三等九级,即上上之德、上中之德、上下之道;中上之德、中中之德、中下之德;下上之德、下中之德、下小之德。上上之德为"至德"。至德社会是庄子理想的人类社会。在至德社会里,人人"甘其食,美其服,乐器俗,安其居"(见《庄子•胠箧》。他说天有六合,人有五德,顺之则吉,逆之则凶。"他提倡"效德而行,循道而趋。"(见《庄子•天道》)。

关于与自然的内在联系,庄子在多篇文章中皆有论述。他在《天地》一文中说:"君源于德而成于天。……故通于天地者,德也;行万物者,道也。"他在《善性》一文中说:"夫德,和也;道,顺也。"那么,作为主体的人,怎样才能算是做到了"顺德和道"呢?庄子在《天道》一文中回答了这一问题。他说:"与人和者,谓之人乐;与天和者,谓之天乐"。意思是说,与人

和，就是与人类社会和谐相处；与天和想，就是与自然界和谐相处。很显然，庄子在这里为我们人类制订了一个做人的标准：无论是国君，还是一个普通的人，都应该做到与他和，与人和。需要注意的是，这两个标准是相辅相成，不可偏废的。在庄子看来，当时天下大乱的根源，就是因为统治者既没有与天和，也没有与人和，是"昏君乱相"的时代。要拯救万民于水火，必须做到"与天和"，"与人和"，否则，人类将无法存在。

更新观念，跟上时代 庄子认为，由于时代处于不停滴运动，要跟上时代，说到底是要能适应时代的变化。要适应时代的变化，就必须不断地更新思想。因此，人们不能永久地采取一种生活方式，要因时而变，灵活机动，切不可故步自封，画地为牢。有一次，弟子问庄子如何处世？庄子说："无旨去为，一上一下，一和为贵，浮游于万物之祖，物物而不物于物，则胡可得而累邪？"接着他给弟子将了"万物质情，人伦之传。"他说："合则离，成则毁；廉则拙，尊则仪；有为则亏，贤则谋，不肖则欺。"这里，庄子对不好的人情世故进行了归纳。既是对世态炎凉的批判，也是对弟子的谆谆教诲，又是对自己观点的论证。面对如此复杂的现实，人们的思想怎样能滞于某一个方面呢？

庄子还告诉我们：每个具体的人，出生于什么时代，自己是无法选择的，或治世，或乱世；或明君掌权，或昏君掌权，人们要从实际出发，根据你所处的不同时代，采取不同的生活方式。他在《天地》一文中说："天下有道，则与物皆昌；天下无道，则修德就闲"。庄子所处的时代是"昏君乱相"掌权，天下大乱，民不聊生，所以，庄子高擎道帜，修身养性，修德赋闲，归隐南华，撰文立说，以告天下。

按照庄子这一思想，我们今天可谓"天下有道"，适逢民族振兴的伟大时代，我们理应"与物皆昌"，和时代脉搏一起跳动，与时俱进，开拓创新，创造出无愧于时代的辉煌业绩。

日行一善，善始善终 庄子认为，人类不仅是自然的一部分，而且人类的生命也都是自然所赋予的。组成人体自身的元气与人身之外的自然之气（空气）的有机统一，才使人的生命延续下去。所以，保护空气不受污染，应成为人类的自觉行动。这种自觉行动就是行善。

那么，究竟该如何行善呢？那就是"日行一善，善始善终"，这是庄子对人类的基本要求，也是人性最本质的体现。庄子认为，一个人从能做事起，就应该做"善事"，这叫"善始"，到了晚年，只要还能做事，仍能做善事，这叫"善终"。所谓善事，就是对自然、对人类有益的事。只有"行善"，才能渐渐养成良好的品德。对于人生的几个阶段，庄子作了高度概括，他说："夫大块载我以形，劳我一生，佚我以死。故善吾生者，乃所以善吾死也。"（见《庄子•大宗师》）

庄子又认为，人要做到行善，必须先知道行善的原因和目的。在哲学上叫作"知"与"行"的关系。"知"是"行"的前提，"行"是"知"的落脚点和归宿。庄子说："知天之所为，知人之所为者，至矣。知天之所为者，天而生也；知人之所为者，以其知之所知，以养其知之所不知，终其天年而不中道夭者，是之之盛也。"（见《庄子•大宗师》）

庄子还认为，一个人若能做到日行一善，就不会计较个人的得失；再则，当一个人对社会、对自然行善时，他自己必然要失去许多，甚至是生命。对于这个失去，应该有个正确的认识。正是因为你失去了自己的所得，而为他人，为自然行了善，你会感到心安理得，毫无怨言，即使死了，也死得其所。因此，庄子说："且夫得者，时也；失者，顺也。安时而处顺，哀乐不能入也。"（见《庄子•大宗师》）"安时而处顺"是庄子"与时俱化"思想的重要补充。

根据庄子的这一观点，要做到"日行一善"、"善始善终"，就应该以喜悦的心情，把太阳每一次升起都看着是杂交的新生命的开始，不断学习，不断进步，不断更新自己的知识结构，活到老，学到老，行善到老，紧跟时代步伐，实现人生的善始善终。

四、"无为而治"的政治观

政治哲学的落脚点是他"无为而治"的政治观。政治研究哲学的目的就是要劝君王放弃攻伐，停止战争，实现"无为而治"。

他在《天道》一文中写道："夫帝王之德，以天地为宗，以道德为主，以无为为常"。在《在宥》一文中写道："君子不得已而莅天下，莫若无为。"

很显然，"无为而治"就是政治理想的政治观，它有三层意思：

"有为"天下乱，人民遭祸殃的政治"无为"思想，是建立在他对当时社会现实考察基础值上的。当时的社会现实是：因天子名存实亡，各强大诸侯王相继称雄。这种"称雄"，就是所谓的"有为"。那些极少数统治者，为满足他们的狂妄野心，在政治上对百姓采取了极其残酷的压迫与剥削；在经济上，则是强取豪夺，搜刮殆尽；在精神上予以百般摧残。于是，平民百姓天然的创造性被扼杀了。他们有苦无处诉，有冤无处申，变得"无为"了。不仅如此，各强大诸侯王都想扩大版图，他们都怀着贪得无厌的心理。于是，便不可避免地要爆发侵略战争，随之而来的天下大乱，无数百姓在战争中丧命。历史反复证明，统治者的"无为"是人民群众遭受祸殃的根源。

"无为"天下治，万物得其昌 战争在《在宥》一文中说："故圣人欢于天而不助，成于而不累，出于道而不谋，会于仁而不恃，薄于民而不轻，因于物而不去"

按照庄子的观点"无为而治"就是帝王遵循的治国之道，一个圣明的君主，就是应该努力实行"无为而治"。他在《应帝王》一文中说："明王之治，功善天下而似不着急，化贷万物而民弗恃；有莫举名，使物自喜，立乎不测，而游于有者也。"

庄子说得很清楚，只有君主无为，即不要人为地破坏自然，危害百姓，"使物自喜"，则天下可治，万物得昌。

无为而无不为，以适自然之性。庄子在《天地》一文中说："无为为之之谓天，无为言之之谓德。"意思是说：用无为的态度去做叫自然，用无为的态度去说，叫顺应。在庄子看来，一个人是否成熟，就看他能否做到无为无不为，并将之作为"德"的最高标准，他认为这才是一个人安身立命的最重要条件，也是"为"的最高境界。

庄子在强调"无不为"的同时，也强调了人不能因为"无不为"而改变自己的节操。也就是说，在与万物（包括人在内）打交道时，不能损伤自己的节操，要掌握好"为"的度。如果一个人在做到了"无为无不为"之同时，又做到了自己高尚完美的节操不受损伤，那么，这个人就是庄子认为的最完美的人。这一观点，庄子将之概括为"不以物挫志谓之完美"。

庄子的这种"无为无不为，以适万物之性"的观点，即是他理想的治国思想，有是他理想的做人思想。这一思想对人类自身的发展影响极大。在当今世界，庄子思想业已成为主流。正如国际社会科学家早在20世纪末所预言的那样："庄子思想将成为人类二十一世纪的主导思想。"可以相信：随着时间的推移，庄子"无为而治"的理想必将变成现实，必将对人类社会的发展产生越来越大的作用。

五、"淡泊名利"的人生观

"无为而治"的政治观，决定了庄子的人生观必然是"淡泊名利"。这一人生观，使庄子哲学放射出了奇异的光芒。它既是不同于自私的"实用主义"哲学，又不同于虚无缥缈的"理想主义"哲学，是庄子高境界的体现。它以智者的姿态，正面回答了人人都无法逃避的问题——人的一生究竟该如何度过。

人的一生该如何度过呢？是为功名利禄，还是依据人的本性和自己的实际情况"适性"生活呢？很显然是后者。如果一个人不根据自己的实际情况，不顾自己的死活，一味地追求功名利禄，都将是徒劳的。然而，庄子却发现，

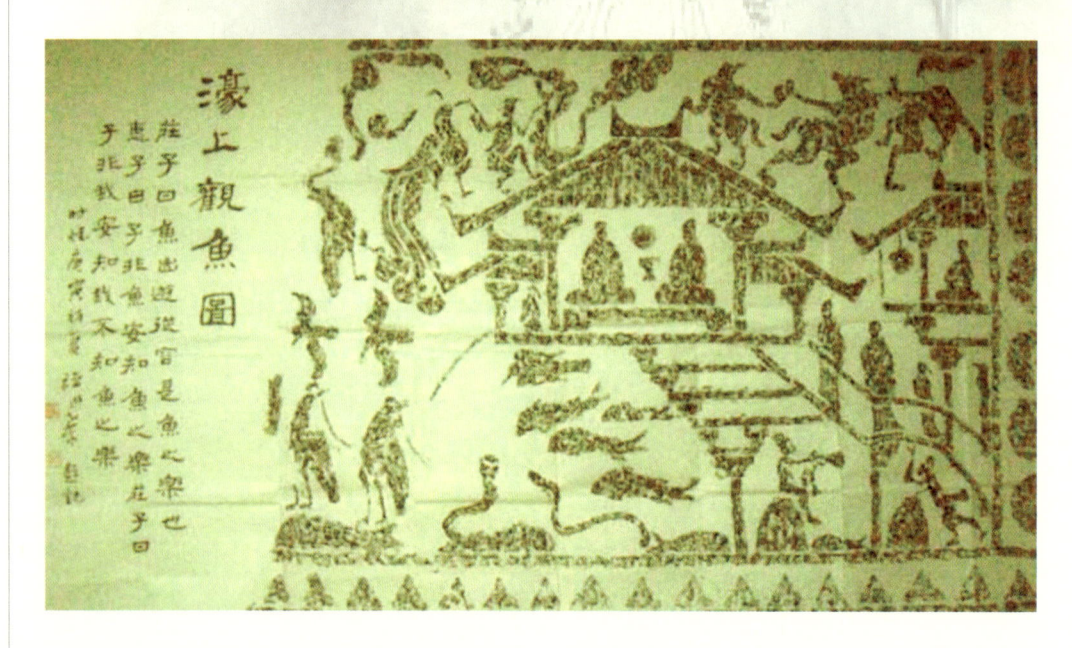

濠上观鱼图

现实生活中的人们大多都是在为名利东奔西跑；在追求名利中，或夭折，或被害，或早恋，或不得善终，其结局十分悲惨。他在《骈》一文中说："小人则以身殉利，士则以身殉名，……事业不同，名声异号，其于伤性以身为殉，一也。"正是在对学生研究与批判之后，庄子才提出了"淡泊名利"的人生观。

庄子这一人生观，主要包括以下三层意思：

万物人为本，生命最重要。庄子认为，人是自然的一部分，但就个体的人儿言，其生命是最重要的，人的一切行为都是由生命来完成的，生命不存在了，人的一切行为也就停住了。如果不考虑自己的生命，而随意乱为，则是违背人性的表现，诸侯之间的相互攻伐，君臣之间的相互弑杀，人与人之间的尔虞我诈，皆属此类。

面对天下大乱，庄子从"道"出发，即从昨日规律出发，寻找战争爆发的根源。通过研究，庄子发现，很多人包括诸侯王在内，在行动上总是想无休止地最大限度地占有别国他人的土地与财物，在认识上，总想着别人的观点劣于自己，总想着贬低别人的声誉来提高自己的名声，以实现自己名利的最大化。他在《在宥》一文中写道："世俗之人，皆喜人同乎己而恶人之异于己也。同于己而欲之，异于己而不欲之，以出乎矣为己心。"庄子的目光很犀利，将世人"出乎矣为己心"的"图虚名"的心理揭露得淋漓尽致。

庄子认为，无论是哪类人，从事何种职业，只要名利思想严重，都会危及生命，都会损伤人性。无疑，庄子在此为人类敲响了警钟——世人啊，不要再做那些因名利而摧残生命，损伤人性的事了。

名利身外之物，切勿以物挫志。庄子在分析了名利对人性的摧残之后，又对功名利禄的本质进行了剖析。他在《至乐》一文之说："名止乎实"。意思是说，一个人的名利是别人强加给他的，而是根据你的行为而定的，要名副其实。如果一个人一味地追求虚名，是毫无意义的；不仅如此，还会损伤自己的身体，缩短自己的生命。所以，庄子认为，所有为个人的功名利禄而"自伐"的行为都是徒劳的。他说："自伐者无功，功成者，名成者亏"。

既然如此，人为何还要如痴如狂的追求名利呢？庄子认为，这是人们的"贪欲"所致。众人都有一个共同的心理，即都想着无穷地占有物质利益，欲壑难填。殊不知，这种难填的欲望是十分有害的，因为这样做的结果，人不仅享受不打了荣华富国，而且还会损伤自己的身体乃至生命。关于这一点，庄子有一段发人深省的论述。他说："夫富者，苦身疾作，多积才而不得尽用，其为形也亦外矣多积才而不得尽用，其为形也亦外矣。夫贵者，夜以继日，思虑善否，其为形也亦疏亦。人之生也，与有俱生，寿者惽惽，久忧不死，何苦也？其为形也亦远矣。"（见《庄子·至乐》）

既然追求荣华富贵给人带来诸多不幸，那么，人们为何还要如此去做呢？通过研究庄子发现，人们把追求物质利益的最大化当作了最大快乐。庄子认为这种建立在物质享受之上的快乐并不是真正的快乐。关于这一点，庄子也有深刻的论述："今俗之所为与其所乐，吾有未知乐之乐业，果不乐耶？吾观夫俗之所乐。举群趣者，誙誙然如将不得已，而皆曰乐者，吾未之乐也，亦未之不乐也。果有乐无有哉？吾以无为诚乐矣，又俗之所大苦也。故曰："至乐无乐，至誉无誉。"在这里，庄子充分表达了自己鲜明的个性。众人皆把无休止地追求物质利益当作快乐，而庄子则以"无为"当作自己至高的快乐。这也是庄子高处众人的苦乐观。

加强自身修养，远离功名利禄。庄子认为，要做到忘却名利，珍惜生命，必须加强自身修养。那么，如何加强自身修养呢？最重要的是从物质世界中走出来，通过学习，树立起远大的精神志向，开拓高尚的精神境界，既遵循"道"的要求，注重"收心"。在知识领域创造极致。所以，庄子说："故善治者忘形，善行者忘利，至道者无心矣"。

那么，怎样才能达到"忘"呢？庄子曰："目无所见，耳无所闻，心无所知，"使"神将守形，形乃长生"。要做到："忘"贵在坚持；若不能坚持，时而忘，食而不忘，还是不能保持心理安宁，所以，必须做到"纯粹而不杂，静一而不变，

淡而无为，动而无形，"保持"报神以静，"使自己的行为达到"至正"。这就是庄子人生观的归宿。

纵观庄子一生，他一直在努力实践着自己的"淡泊名利"的人生观。他戏言辞楚相，无为应帝王，他多次辞聘。借粮嘲曹南，以物质生活上的清贫，创造了

精神上的富有。在庄子之后的两千多年间，他那"淡泊名利"的人生观，对人类产生了极大的影响。"三国"时的诸葛亮一生信奉的就是庄子思想；其前期"苟全性命于乱世，不求闻达于诸侯"的处世态度；其后教子：非淡泊无以明志，非宁静无以致远"的人生信条，无不是庄子思想的反映。近代的陶渊明受庄子思想的影响。"不为五斗米而折服，"从黑暗的官场上终于悟出了生命的真谛，怒抛乌纱，返归故里，与大自然为伴，去过了"采菊东篱下，悠然见南山"的快乐园生活。其后以谢灵运、嵇康为代表的"竹林七贤"、"建安七子"、《西游记》的作者吴承恩、《红楼梦》的作者曹雪芹，无不受到庄子思想的影响。

当今之世，庄子"淡泊名利"的思想仍是一个人美德的重要内容。在构建和谐社会的伟大历史进程中，在民族文化大发展、大繁荣的今天，我们迫切需要越来越多的"淡泊名利"的人默默地贡献。然而，现实的那个中有不少人名利思想仍十分严重。这些人，一事当前，先从自己的私利出发，对己有名有利的是就干，甚至是不择手段地去干；否则，就不干。这些人的行为与我们构建和谐社会的国是主旨格格不入。这种唯名利是图的人，应该从庄子的人生观中汲取点营养。反思自己龌龊的灵魂，加强科学文化知识学习，提升自身修养，摒弃名利思想，为祖国的富强贡献出自己的聪明才智。

第三节　庄子对文学的贡献

庄子不仅是伟大的思想家、哲学家，而且也是伟大的文学家，素有"文哲大师"之称。作为文学家的庄子，有哪些文学成就呢？

一、建立了朴拙的美学思想体系

第一，《庄子》中有丰富的美学思想。庄子的美学思想是他对文学贡献的重要内容。《庄子·天下》篇中，就有较完整的美学思想。这种美学思想构成了庄子文学作品的显著特色。

要考察一个人的美学思想，必须与这个人所处的社会现实联系起来，因为是客观现实决定人的意识，也决定着人的美学思想。庄子生活在战国时代，那是一个大毁灭、大兴起的时代，是旧的审美观被破坏，新的审美观又尚未真

庄子著作

正形成的时代。在这样的历史条件下，作为向往自然的庄子，也必然是以"自然"为美，以"朴素"为美。

事实上，庄子已有明确的文艺创作主体的审美态度："心斋"、"坐忘"；庄子也有自己文艺创作客观的审美风格——"自然"、"朴素"；庄子还有具体的文艺创作客体的审美形象——"得意"、"忘言"（见《庄子·天下》）。

第二，《庄子》的美学思想同其哲学思想密切相连。在哲学上，庄子继承并发展了老子的观点，强调"道"是宇宙万物的本原，认为天地万物都是由"道"产生和支配的。他说："有先天地生者，物邪？物物者非物。"（《知北游》）"夫道，有情有信，无为无形，可传而不可受，可得而不可见。自本自根，未有天地，自古以固存；神鬼神帝，生天生地"（《大宗师》）。这就是说"道"是先天地而存在的，它产生天地万物，它是无始无终，无边无际，无时不有，无处不在的。它确实可以体会得到，但又是无形的。它的基本特征是"无为"，"无为"意味着任天地万物依自然规律变化发展；因为它又是"无为而无不为"的，自然无为是它的根本特性。与这些哲学思想相联系，庄子认为自然无为的"道"就是最高的美（《天道》）。而"道"是天地万物的"大宗师"，能体现"道"的自然无为特性的事物就是美的。这是《庄子》美学思想的实质和核心。在《庄子》一书中，有许多寓言故事就体现了这一美学思想。《应帝王》中有这样一则寓言故事："南海之帝为儵，北海之帝为忽，中央之帝为混沌。儵与忽时相与遇于混沌之地，混沌待之甚善。儵与忽谋报混沌之德，曰：'人皆有七窍以视听食息，此独为有，尝试凿之。日凿一窍，七日而混沌死。'"这则寓言故事的原意是在宣传"无为"的任其自然的道家哲学，同时它也体现了崇尚自然无为之美的美学思想。混沌虽然长得面目浑圆，无耳目口鼻，但却是管理中央的大帝，并且待人"甚善"。在庄子眼里，混沌无疑是美的。然而一旦人为地破坏了其自然之貌，美也就不存在了。《田方子》一篇中还有一则关于画师的寓言，说宋元君想让画师们画一张像，画师们纷纷赶来，一个个拱手作揖，有的舔着笔尖，有的和着墨。有一个画师来得很晚，却入而不趋，见而不拜，只对宋元君拱了拱手，就回去了。宋元君派人去观察这个画师，只见他走进门去，脱光衣服，盘腿而坐。宋元君从中受到启发，认为他才是真正的画师。这则寓言故事说明人工的美是比不上自然之美的，画像永远没有人自身美，艺术美不过是对自然美的模仿。最高的美是自然的美。

第三，崇尚精神美，追求内在美。庄子及其后学以"道"的自然无为为美，其根本表现是在对人的精神自由的追求上。在庄子及其后学看来，天地万物各具形态，有美有丑；然而，这种外形的美丑还不是判断其美丑的重要标准，判断其美丑的根本标准是在其精神是否符合"道"的自然无为的特性。外形的丑丝毫不影响其具有的精神的美，外形的美也不妨碍其内在的丑，而精神美、内在美才是真美。《山木》篇有这样一则寓言："阳子之宋，宿于逆旅。逆旅人有妾二人，其一人美，其一人恶，恶者贵而美者贱。阳子问其故，逆旅小子对曰："其美者自美，吾不知其美也；其恶者自恶，吾不知其恶也。""这则寓言表现了庄子的辩证法思想，认为美和丑是可以互相转化的。长的美的人如果自认为美而骄傲，便会受人厌恶，美就转化为丑；长得丑的人自己承认丑，态度谦恭，人们反而会觉得他美。这里也表现出了崇尚精神美的美学思想，因为庄子认为精神是支配形体的。在《德充符》篇中，庄子以寓言的形式，写了五个肢体残缺、奇形怪状的人。这五个人形貌虽丑，但由于他们的道德完美，因而使得盛名当时的孔子，左右中原的郑国执政者子产，自命治国忧民的鲁哀公等，都甘拜下风。例如，其中一个叫哀骀它，面貌很丑陋，但由于道德完美，所以男子"与之处者，思而不能去"；女子见之，不愿为人妻，情愿做他的小妾；鲁哀公与之处，"卒授之国"。庄子还写了一个脖子上长着一个大肿瘤的人，去"说齐桓公"，齐桓公非常喜欢他，见到正常的人反而觉得"其脰肩肩"，脖子太细小了。庄子解释说，"故德有所长，而形有所忘，"也就是说，道德的完美使人忘记了其形体上的缺陷。因而，感到这些形体残缺的人都是美的。这些寓言都体现了庄子崇尚精神美，崇尚内在美的美学思想。当然，庄子所崇尚的精神美，是同其哲学上所崇尚的"道"密切相连的。在庄子看来，最完美的道德就是最能够体现"道"的自然无为的根本特性，全德之人就是要任其自然变化，虚静无为，忘掉一切物累，甚至忘掉自身的存在。

第四，崇尚大美，追求无限之美。庄子认为，美在于"道"的自然无为，而"道"是无所不在、无所不包的。它是一种创造和支配天地万物的

庄周故里

无限力量，在时间和空间上都是无穷的。因而，美具有无限性。美是有层次的，最高的美是囊括宇宙万物，无比广大的。追求这种大美，追求这种无限之美，是《庄子》美学思想的又一重要特色。《逍遥游》就形象地体现了这一美学思想。文中所写的斥鴳自由腾跃于蓬蒿之间，无忧无虑，自得其乐。在庄子眼里，它应该是美的，但却是一种低层次的美，不是庄子所崇尚的。而鲲鹏"背若太山，翼若垂天之云，抟扶摇羊角而上者九万里，绝云气，负青天"，飞向南冥。在庄子看来，鲲鹏是比较自由的，任其天性而奋飞，无疑也是美的，并且比斥鴳是更高层次的美，但还不是大美，还不是至美。庄子所最崇尚的美是"无己"的"至人"，"无功"的"神人"，"无名"的"圣人"，是那"藐姑射之山"上的女神，她"肌肤若冰雪，绰约若处子，不食五谷，吸风饮露；乘云气，御飞龙，而游乎四海之外；其神凝，使物不疵疠而年谷熟"。实际上这女神就是"道"的化身，就是庄子所追求的大美，也就是无限之美。《庄子·天道》篇中还有这样一则寓言："昔者舜问于尧曰：'天王之用心何如？尧曰：吾不敖无告，不废穷民，苦死者，嘉孺子而哀妇人。此吾所以用心已。舜曰：美则美矣，而未大也。尧曰：然则何如？舜曰：天德而出宁，日月照而四时行，若昼夜之有经，云行而雨施矣'。"在庄子看来，尧对穷苦者不傲慢，不抛弃穷民，悲怜死者，亲善儿童，哀怜老妇，这种道德"美则美矣"，但还不是大美。什么是大美呢？那就是与"道"融为一体，顺应自然的规律，无为而无不为。《庄子·秋水》篇中所写的"望洋兴叹"、"坎井之蛙"两则寓言，也体现了这种崇尚大美的思想。河伯见自己管辖的河面非常宽阔，"两涘渚崖之间，不辨牛马"，于是就"欣然自喜"，以为天下之美尽在己。等它顺流而至东海，"东面而视，不见水端，于是焉河伯始旋其面目，望洋向若而叹"，感到了自己的渺小。"坎井之蛙"更为可笑，他"跳梁乎井干之上"，"休乎缺甃之崖"，就以为是"乐"之"至矣"，等到"东海之鳖"向它讲述了东海之盛状，它才"适适然惊"。在庄子及其后学看来，美是有层次的，是有大美和小美的区别。"坎井之蛙"与"东海之鳖"也有这种区别。然而大美和小美又是相对而言的，"坎井之蛙"与"东海之鳖"相比显得很渺小，但是同"虾、蟹与蝌蚪"相比，它又是占有优势。"东海之鳖"虽然非常自由，但毕竟还不是绝对的自由，因而也不是至美。最高的美是"道"，是绝对的自由，是无限之美，那才是他最崇尚的。《庄子》的美学思想对后世的影响极为深远。其强调自然之美、精神之美、崇尚大美，为我国历代谈艺言美者所接受，与其他美学家的思想相汇合，形成了我们中华民族传统的审美心理。

二、开辟了浪漫主义文学之路

《庄子》中的浪漫主义是与现实主义紧密联系的，互为里表。正如庄子研究著名专家朱大川所说："庄子是古文理论史上第一个描述了浪漫主义风格特征的人"。

庄子浪漫主义是积极的。对现实否定的、叛逆的、批判的态度是《庄子》浪漫主义创作方法的前提和出发点；而"独与天地精神往来"的强烈理想精神则是其浪漫主义创作方法的一个重要原则。庄子所追求的"至德之世"，曾给陶渊明《桃花源记》所描绘的乌托邦以直接的影响，二者并

庄周故里青莲寺

非是认真地为未来社会设计,而是从中寄寓对私有制度下的残酷显示的一种人文主义的批判。纵观庄周一生,从愤世嫉俗到形成独立人格的理想追求,他的浪漫主义的确是积极的,昂扬向上的。

(1)《庄子》奠定了古典浪漫主义的思想——对宗法观念秩序思想规范的怀疑。(2)《庄子》对艺术思维规律的探索,对"非理性"、"无意识"在创作中的重要作用的阐述,对美的基本特征和审美感受的独特性的揭示,奠定了古典浪漫主义的理论基础。(3)在题材范围上,庄子从其对主体人格绝对自由的追求出发,为古典浪漫主义文学传统作了历史性的开拓。(4)庄子自觉地将神话传说理性化,有意识地结合神话传说,从而把历史和现实、自然和人类社会、幻想世界和理想世界、人和自然方面等联系在一起,使神话失掉其原有意义,成为作者表现自己观点的工具。(5)庄子从其高扬个体人格、反对人的异化、寻求个体存在的最后意义和归宿的前提出发,猛然抨击等级社会对人的"天性"的摧残,提出了处理人类、社会、自然三者关系的独特见解,从而求取感性生命的自由与快乐的世界观框架。

三、创作了丰富多彩的寓言

庄子生活在那样一个诸侯纷争、烽烟四起的年代,"苟全性命于乱世,不求闻达于诸侯",加之没有尊贵显赫的地位,满腹心语无法直白。所以,他便发挥自己的优势,展开丰富的想象,让笔下之物皆有实人之情,使得牛鬼蛇神比正人君子更具有人情味。这样,庄子便成功创作了一系列颇具特色的寓言。

庄子是第一个在文学理论史上给寓言以明确定位的人。庄子的寓言有两大特点:一是数量多,二是质量高。据不完全统计,《庄子》中大大小小有二百多个寓言,可归为七类:志在逍遥;破除偏见;顺时而生;人间可入;德配天地;忘我归宗;帝王可应,天下可治。

由于庄子使用寓言的目的在于鞭挞社会,所以,决定了庄子的寓言具有强烈的讽刺意味。这种讽刺意味,也就基本上规定了其寓言特色:(1)从形式上看庄子寓言是一种荒唐、幽悠的超现实的神话,是一种"象征性"的艺术。(2)从创作手法看,庄子"物化"的观点给他的寓言染上了一层魔幻般的色彩,创造了一种超现实的幻觉的艺术氛围,借以沟通天与人、生者与死者、过去与现在，醒与梦的联系。这类作品中的人物和事件都以非逻辑性、超时空性为基本特征。（3）从取材范围看，庄子寓言中有一部分是现实中无法找到的超现实荒诞怪异的人和物，但大部分取材于自然界和社会中最常见、极平常的事件和普通的下层劳动者。(4)用夸张、变形的表现手法来突出寓言的象征意义，表达观念的抽象性。（5）从艺术风格看，庄子的寓言实践的是朦胧、模糊、混沌特色鲜明、丰富多彩的创作，是庄子对文学做出的又一突出贡献，对后世文学影响深远。

四、开创了以诗为文的范例

当我们品读《庄子》时，不仅为其严密的逻辑、生动的描述、大胆的夸张和奇妙的想象所吸引，而且更为其诗歌艺术所折服。从《庄子》中看，庄子写诗已达到了相当高的水平。我们知道，我国最早的诗歌总集是《诗经》，而《诗经》的基本句子是四言句。这种四言句，在《庄子》中得到了恰当地运用，使《庄子》成为一部诗集——至少说是一部散文诗。让我们走进《庄子》，领略其中之妙。

《逍遥游》中，庄子在经过一番夹叙夹议之后，得出结论："至人无已，神人无功，圣人无名"，庄子在给惠施介绍"狸狌"时这样说道："卑身而伏，以候敖者；东西跳梁，不辟高下；中于机辟，死于罔罟"。读着这样的句子，与其说是在读散文，倒不如说是读诗歌。

《齐物论》中这样的妙句也很多："大知闲闲，小知间间；大言炎炎，小言詹詹；……小恐惴惴，大恐缦缦"；"大道不称，大辩不言，大仁不仁，大廉不嗛……"这里不仅句子整齐，而且押韵合辙，是极好的诗歌。

《养生主》中这样的句子也不少，如作者在描写庖丁解牛的娴熟动作时这样写道："手之所触，肩之所倚，足之所履，膝之所踦，砉然响然，奏刀騞然，莫不中音"，真是脍炙人口，赏心悦目。

《人间世》中，庄子写孔子适楚，楚狂接舆游其门曰："……天下有道，圣人成焉；天下无道，圣人生焉。方今之时，仅免刑焉。福轻乎羽，莫之知载；祸重乎地，莫之知避"。这里面，不仅用诗歌道出了真理，而且诗歌的韵律发生了换韵；而这韵的变换，又是因感情需要而为之。

总之，《庄子》中的语言，多数为诗，即使是不整齐的句子，也有诗情画意。早在二十世纪初，王国维就在其《庄子文学之精神》中指出：《庄子》具有"诗歌的原质"，"即谓之散文诗，无不可也。"此后，闻一多又在其《庄子》一文中明确指出：《庄子》是"绝妙的诗"。毫不夸张地说，《庄子》应看作是中国继《诗经》之后的又一部诗集，它对中国文学尤其是诗歌文学早已产生并将继续产生重大影响。

五、散文形成了自己独特的艺术风格

庄子对文学的贡献主要是他撰写了大量的充满浪漫主义和幻想的优秀散文。

《庄子》一书充满了丰富的幻想、虚构的情节和奇妙的构思，具有浓厚的浪漫主义色彩。《内篇》第一篇《逍遥游》写得雄放、奇幻，足以表明《庄子》文章所特有的艺术风格。文章一开时就用高度夸张的手法描写了鲲、鹏之大及大鹏展翅翱翔于大海的壮阔景象，向我们展示了一幅异常开阔、神奇的画卷："北冥有鱼，其名为鲲。鲲之大，不知其几千里也。化而为鸟，其名为鹏。鹏之背，不知其几千里也。怒而飞，其翼若垂天之云。……鹏之徒于南冥也，水击三千里，抟扶摇而上者九万里。"在这个气势雄伟、景象奇特的画面基础上，作者又神思飞越，由大鹏联想到"蜩与学鸠"嗤笑大鹏的远飞，联想到"不知晦朔"的朝菌，"不知春秋"的蟪蛄，"以五百岁为春，以五百岁为秋"的冥灵，"以八千岁为春，以八千岁为秋"的大椿树，以及长寿的彭祖；联想到"举世而誉之而不加劝，举世而非之而不加沮"的宋荣子，以及御凤而行的列子，联想到传说中古帝王尧和不愿意接受天子之位的上古隐士许由；联想到"肌肤若冰霜，绰约若处子，不食五谷，吸风饮露，乘云气，御飞龙，而游乎四海之外，使物不疵疠而年谷熟"的藐姑射山神人，最后一直联想到要将一棵大樗树"树之于无何有之乡，广莫之野"，并且要"彷徨乎无为其侧，逍遥乎寝卧其下"，这才算结束了他精神上绝对的逍遥游。文章构思奇妙，夸张大胆，想象丰富，变化奇诡，充满了惊世骇俗的浪漫主义色彩。

《庄子》一书大部分用寓言故事说理，把抽象的哲理寓于具体的形象之中，使哲理论文成了生动的文学散文。《庄子·寓言》自道其书"寓言十九，重言十七，卮言日出，和以天倪"。重言是引用名人的话以证明己意，但《庄子》引用的名人名言，基本上都是虚构的；卮言指立意舒思不受真凭实据的局限，心想笔随，变幻写意。因此，《庄子》所谓重言、卮言，其实也都是寓言。《史记》上说庄子""其著书十余万言，大抵率寓言也"，"皆空语无事实"，这种看法是正确的。《庄子》的寓言，"以谬论之说，荒唐之言，无端崖之辞"（《庄子·天下》），描述了众多形形色色，异彩纷呈的艺术形象，寄寓了他深刻的思想和深沉的感情。例如《养生主》写庖丁解牛的寓言故事，就成功地塑造了一个技艺高超的庖丁形象，他在解牛时"异乎天理"，"因其固然"，运刀如神，"手之所触，肩之所倚，足之所履，膝之所踦，砉然响然，奏刀騞然，莫不中音，合于《桑林》之舞，乃中《经首》之会"。作者将庖丁解牛的动作比喻为像古代的音乐和舞蹈那样和谐优美，令人心驰神往。通过这个生动的寓言故事，作者实际上说明了养生的道理，那就是要在复杂的深刻现实中避开一切矛盾，要像庖丁"以无厚入有间"保护刀刃一样保护自己的生命。

　　《庄子》在创造这

些寓言故事时运用了各种各样的手法，有奇特的想象，有高度的夸张，有细致的刻画，有辛辣的讽刺。《庄子》还常常运用拟人化的手法使各种有生物和无生物会说话，有思想，能辩论。例如《逍遥游》中写蜩与学鸠的内心独白；《至乐》篇写骷髅与庄子的对话等。《庄子》在阐发哲理的时候运用了这么多谐趣横生、形象生动的寓言故事，自然就大大增加了著作的文学性，让人们像阅读文学作品一样来领会深奥的哲理，使人们"目击而道存"（《庄子·田子方》），从而留下深刻的印象。

庄周陵园纪念碑林

《庄子》还善于运用比喻。清人宣颖说："庄子之文，长于譬喻，其玄映空明，解脱变化，有水月镜花之妙。且喻后出喻，喻中设喻，不啻峡云层起，海市幻生，从来无人及得"（《南华经解》）。

　　庄子又善于对客观事物（包括人）作细致的描绘，收到栩栩如生的艺术效果。例如《让王》写曾参："缊袍无表，颜色肿哙，手足胼胝，三日不举火，十年不制衣。正冠而缨绝，捉衿而肘见，纳屦而踵决。曳縰而歌《商颂》，声满天地，若出金石。"仅用五十多字，就将曾参的衣着打扮，神情气质描写得活灵活现，让人读之不忘。《徐无鬼》写匠人运斤成风，去斫郢人鼻尖上的灰点，郢人立不失容，其描写也极为生动。再如《齐物论》对所谓"地籁"的描绘："大木百围之窍穴，似鼻、似口、似耳、似枅、似圈、似臼、似洼者、似污者"。这是形容古树上的大小斑驳的树孔，下面是形容风吹树孔发出的各种声音："激者、謞者、叱者、吸者、叫者、嚎者、宎者、咬者，前者唱于而随者唱喁，泠风则小和，飘风则大和，厉风济则众窍为虚，而独不见之调调、之刁刁乎？"这种对众窍和风声的千差万别的描绘，真是形声毕肖，给人以极其鲜明的印象。

　　《庄子》的文章汪洋恣肆，行文自然流畅，变化多端，语汇丰富多彩，形象生动，尖锐泼辣，具有独特的风格。《庄子》文中，随处可见穷形尽相的描写和入木三分的刻画，而且庄子还是一位讽刺大师，在他的笔下，嬉笑怒骂皆成文章。如《天运》写丑妇效颦；《秋水》写井蛙自负；《则阳》写触蛮之争；《外物》写儒以诗礼发冢；《列御寇》写曹商舐痔得车等等，无不词锋锐利，文笔辛辣。这些都充分体现了《庄子》汪洋恣肆的文风。

　　鲁迅先生在《汉文学史纲要》中曾称《庄子》文章"汪洋椑闿，仪态万方，晚周诸子之作，莫能先也"。《庄子》在先秦诸子散文中确实是文学成就最高，而且后世古典散文也罕有伦比。《庄子》散文的浪漫主义精神，对后世文学产生了深远的影响。后世文人如嵇康、阮籍、陶渊明、李白、苏轼等人的思想和创作，都受《庄子》的影响；韩愈、柳宗元的散文，也从中汲取了营养。《庄子》中具有浪漫主义特色的寓言故事，更给后世诗人和小说家以无限的启发，是我国古代文学宝库中最弥足珍贵的财富。

第四节 《南华真经》与"南华真人"

《庄子》是道家经典之一，是庄子及其弟子与后世学者合著。庄子的主要思想都寄寓其中。

《庄子》一书自成书后，就很受后人重视，它既是"文学之哲学"作品，又是"哲学之文学"作品，庄子"文哲大师"之美誉即由此书而来。历代研究者学者和文学家，无不将《庄子》当祖宗经典来研究。随着时间的推移，《庄子》一书的影响愈来愈大。至魏、晋南北朝，将《庄子》奉为"神书"，出现了《庄子》热。至唐达到了鼎盛。公元742年，唐玄宗诏号《庄子》为《南华真经》、加封庄子为"南华真人"。从此《南华真经》与"南华真人"传于后世，影响着一代又一代人。

唐玄宗对庄子十分崇拜，封庄子为"南华真人"

第五节 庄子文化 经典传世

一、《逍遥游》与自由文化

《逍遥游》是《庄子》一书的开篇之作，也是庄子最具代表性的作品。此文主要表现了庄子自由自在的"游世"哲学思想。这种"游世"思想，既不同于儒家的"入世"哲学思想，也不同于老子的"出世"哲学思想，他追求的是一种不受任何外物约束的绝对自由。事实上，这种自由不过是一种理想化的自由状态，在现实中是很难实现的，更是一般人所难于企及的。

庄子认为：追求自由是人的本性。自然是万事万物都遵循着各自的道而自由地运动。人类作为自然的一部分，其运动也应该是自由的。但是，人为什么变得不自由了？庄子研究发现：统治者的多种规章制度限制了人的言论自由和行动自由（如劳役、兵役等）；诸侯之间相互攻伐和长期战争，使人的生命无法得到保障，使人无法行使自己的自由权利；人的名利思想，对物质利益的最大化追求，压得人们喘不过气来，人也因此失去了自由。

因此，人类要获得真正的自由，必须砸碎多种规章制度，必须消灭战争，必须从物质利益的小圈子走出来，游于物外，不受任何形式的约束。《逍遥游》一文就表达了庄子的这一思想。文中的"鲲鹏南飞"的寓言故事讲得就是这个道理。本来，鲲在北冥之中已经很自由了。但是，在庄子看来还不自由；于是庄子让鲲出海，"化而为鸟，其名为鹏"，"九万里而南为"。然而，庄子认为，鹏也不是真正的自由，因为鹏的翅膀还借着空气。因此，庄子认为，

庄周陵前门

只有"游于物外"忘记自身的"至人",不计较功劳大小的"神人"和不计较名声的"圣人",才能获得真正的自由。

庄子的伟大,不仅在于它为人类指出了一条寻求自由的大道,更在于他告诉人们该如何走这条自由之路。为使人们走好这条自由之路,庄子批判了哪些受物累而不得自由的人。他说:"受制于物者,受制于人者,皆无可得逍遥也"。又说:"今已为物也,欲复归根,不亦难乎?"

在物欲横流的今天,那些被物质利益思想弄得晕头转向,不能自拔,毫无自由而言的人们,希望你们能悬崖勒马,摒弃物累,提高自身境界,做一个真正自由的人。

二、《齐物论》与"平等"文化

《齐物论》是庄子的又一代表作,如果说《逍遥游》是庄子为自己的哲学建立起一座殿堂,那么《齐物论》便是这座殿堂中的奇珍异宝。《逍遥游》是在告诉人们:宇宙的万物都遵循着大道而处在不停地运动变化之中,人们应循道而趋,自由自在地游世;而《齐物论》则是告诉人们:世间万物看起来千差万别,但究其实质都是一样的,即都是"物质"的;人们的言论听起来各有所别,争论不休,但归根结底都是一样的,即都是在说明自己的观点正确,对方的观点不正确。这种彼此地相互肯定与否定都是一样没有意义的。

庄子在《齐物论》中提出的最有价值的是"齐物"的思想,他第一次提出了"平等"的思想,这在当时等级森严的社会中是很难能可贵的。"平等"思想的提出,又是对儒家等级观念的一大挑战,对于奠定庄子为大哲学家的地位起到了巨大的作用。

庄子"齐物"思想的另一面是说:万物都存在自身的对立面,这种对立面又都是相互转化的,即都向着各自相反的方面转化。文中说:非彼无我,非我无所取;是迹近矣。"又说:"方生方死,方死方生,方可方不可,方不可方可;因是因非,因非因是。"这种辩证法思想是很可贵的。

在历史的发展进程中,庄子的"齐物"平等思想,为历代农民起义所继承。从秦末的陈胜吴广起义,到近代的太平天国农民起义,几乎都打出了"平等"的旗帜,"均贫富,等贵贱"是其共同的心声。

在构新中国成立际新秩序的今天，庄子的"平等"思想仍然显示其巨大的威力，争取自由，追求平等仍是世界人民的共同呼唤。正如世界诺贝尔奖获得者所预言的那样，庄子思想将成为二十一世纪的主导思想。

三、《养生主》与养生文化

《养生主》是庄子讲养生之道的文章。所谓"养生主"就是养生的要领。其要领是：顺应自然，忘掉情感，不为外物所滞。

在此文中，庄子第一次提出了人的生命是第一重要的观点。这种以人为本，生命至上的观点，是对统治阶级草菅人命行为的无情批判。人为什么要养生？这是因为，人要从事任何事情，都必须以生命为前提，因此，生命不存在了，人的任何活动也就停止了，人要想坚持长时间的劳动，就必须注意保护生命，即必须注意养生。

那么，究竟该如何养生呢？庄子用"庖丁解牛"的故事回答了这个问题。庄子指出，作为一个庖丁，要想做好"解牛"之事，就应该加强自身的修养，提高解牛技能，做到"依乎天理"，"故其固然"。正因为庖丁做到了这一点，所以，他的刀"十九年矣，所解数千牛矣，而刀刃若新发于硎。"而那些没有遵循牛的生理规律的则"良庖岁更刀，折也；族庖月更刀，割也。"从正反两面告诉人们：养生就是顺应自然规律，然后再顺势而行，洞悉外物的变化和状态，这样便可常保平安和自由。

庄子认为人们只有通过学习知识，才能达到养生的至高境界，人的生命是有限的，而人类的知识又是无限的，所以，只有注意养生，即注意学习知识，才能使自己的有限生命达到"尽年"。

庄子的这一观点，在当今社会仍有着积极意义。按照庄子的辩证法思想，就要努力把有限的生命投入到无限的学习和工作中去，在学习、工作和贡献中实现人生的最大值——"尽年"。

四、《天道》与"和谐文化"

《天道》一文是庄子从自然规律中寻找"无为而治"根据的新探索。"天道"，即自然规律。自然界是无心而自动的。而这种自动又是遵循一定规律的，不受人们的主观意志而转移。人类也是自然界的一部分，人类社会的运动

变化也有其自身的规律，这种规律同样是不以人的意志为转移。既然如此，作为统治者，只能实行"无为而治"才是正确的做法。如若不然，而是人为地违背规律而为，势必要受到规律的惩罚。

庄子研究发现，帝王们所进行的统治皆为"有为而治"，即人为地发动战争，相互攻伐，企图将外国的东西据为己有，而这样做的结果是大量的百姓死于无辜，闹得天下大乱，鸡犬不宁，民不聊生，生灵涂炭。庄子通过对帝王的上述罪恶的揭露与批判，指出了只有实现"无为而治"，才是唯一正确的做法。

必须强调的是，庄子这里的"无为而治"，并非消极地游戏政治，而是一种与自然规律保持和谐一致的高境界的治国方法。那么，作为帝王，怎样才算做到了"无为"呢？就是要做到"与天和"，"与人和"。何谓此和呢？庄子在《天道》中说："与天和者，谓之天乐；与人和者，谓之人乐"。什么是"天乐"和"人和"呢？就是你的行动必须既符合自然界的规律，又符合人类自身的规律，即让自然和人类都感到快乐。只有这样，天下才能"大治"。庄子认为，若帝王做到了这些，即做到与天和，与人和，则"其生也天行，其死也物化；静而与阴同德，动而与阳同波，无天怨，无人非，无物累，无鬼责。"

那么，怎样才能做到"与天和""与人和"呢？庄子接着说，帝王必须"放德而行，循道而趋"，必经"与日俱化"，"与时俱新"，不能用过时的理论指导现实。庄子十分厌恶抱着书本不放的做法。他说："世之所贵道者书也。"然而，"书有过也"，即写上书本的东西都是过时的东西，作为帝王，不能光看书本上怎么说，而应该从实际出发。庄子通过轮扁与齐桓公的对话说明自己的观点。庄子"不唯书"，"不唯圣"的反对本本主义的思想实在是难能可贵，令人钦佩。

五、《天地》与"忠孝"文化

庄子的忠孝文化与他的和谐思想是相一致的。庄子认为，为使人类和谐，必须从忠孝做起，家庭和谐又是社会和谐的前提。只有一个个家庭的和谐，才会有社会的和谐。为使家庭和谐，就需要"孝"；为使社会和谐，就需要"忠"。

庄子的时代，是天下大乱的时代，是极不和谐的时代，是"忠"和"孝"都有问题的时代。臣对国君不仅不忠，而且还出现了"臣弑君"的现象；儿子对父不仅不孝，反而还出现了儿杀父的现象。庄子研究忠孝主要是从境界上研究，这也是道家区别于儒家的地方。庄子认为，人的"孝"是有层次的，即有高层次的孝，也有低层次的孝。低层次的孝，人易做到；高层次的孝，人不易做到。他说："以敬孝易，以爱孝难；以爱孝易，以忘孝难；忘亲易，使亲忘我难；亲忘我易，兼忘天下难；兼忘天下难，使天下忘我难。"

庄子认为，父母的话未必都是对的，国君的话也未必都是对的。所以，对国君尽忠时，不能掩盖国君的错误；对父母尽孝时，也不能包庇父母的过失。他在《天地》一文中说："孝子不谀其亲，忠臣不谄其君，臣子之盛也。"庄子的这种至高的忠孝观才是科学的。

从庄子整个的思想体系看，庄子写《天地》一文的目的，就是在研究天道的基础上，重点研究地上的人道。庄子认为，天、地、人的规律是一直的。所以，他开篇便道："天地虽大，其化均也；万物众多，其治一也；人卒虽众，

庄周陵牌坊

其主君也。君源于德成于天；故曰：玄古之君天下无为也，天德而已矣。"从天、地、人的总规律中，找到了"无为而治"的根据，提出了本文的中心论点——"无为而治"。而"忠孝"思想不过是"无为而治"观点的一个方面，主要是说人应该怎样正确对待自己的国君和父母。庄子的这种"忠孝观"则是建立在对人类运行规律的研究基础上的，是人类认识的正确反映，其价值是极高的。

还要指出的是：通过研究，庄子发现社会已不可救药；尽管如此，庄子没有放弃努力，仍在积极探索，竭能尽智，为民指路；这又怎能不令人钦佩之至呢？他的"忠孝"思想作为一种文化，早已成为我们民族文化的重要组成部分，并对后人产生了巨大而深远的影响。

六、《大宗师》与"交友"文化

庄子创作《大宗师》的目的，是向后人说明，什么人才是最被推崇的老师，当然，只有"道"才是最受推崇的老师。此文中庄子重点论述了"人道"，在"人道"上又重点论述了"交友之道"。庄子将交友之道归结为"莫逆之交"。

庄子认为，人生活在天地之间，不是孤立的，人与人之间有着许多相同之处。这种相同之处便是交友的基础。庄子又为人交友制定了一系列原则，即"相交无心"，"出于无为"。庄子在《大宗师》中说："相与于无相与，相为与无相为。"意思是说：人与人交友时，既不要靠友有所为，也不要因友而不为。双方都不要因交友而改变自己的本然，都要保持各自纯洁的心不变。

为说明自己的交友观，他在《大宗师》中以寓言形式记录了自己交友的心愿："子桑户、孟子友、子琴张三人相与曰：'孰能相与于无相与，相为与无相为？孰能登天游雾，挠挑无极。相望以生，无所终究？'三人相视而笑，莫逆于心，遂相与为友。"从这里我们可以看出，庄子对交友是多么的慎重。在他看来，要交友，不能交一时之友，要"相望以生"，不能中断，要保持友情长久。

庄子反对哪些有钱人互结狐朋狗友的做法，他把人世间的结友分为两类：一类是"君子之交"；一类是"小人之交"。所谓"君子之交"，是指道德修养高的人之间的结友；所谓"小人之交"是指道德修养差的人之间的结友。庄子对其两类交友情况作了认真的调查研究，发现大多的富人之交皆是金钱之交、酒肉之交，属小人之交；大多数的穷人之交，皆为真心之交，属君子之交。

　　庄子一生贫困潦倒，属贫困阶层。这种经济状况决定了庄子不可能用酒肉与别人来往，也只能以茶代酒。长期的贫困生活，使他对两种不同类型的交友现象给予了本质的揭示。他在《山木》一文中写道："夫以利合者，迫穷祸患害相弃也；以天属者，迫穷祸患害相收也。夫相收之与相弃亦远矣，且君子之交淡如水，小人之交甘若醴。君自淡以亲，小人甘以绝，彼无故以合者，则无故以离。"其中的"君子之交淡如水，小人之交甘若醴"则成为揭示"君子之交"和"小人之交"的千古名句。作为交友文化，两千年来一直为世人所铭记。

　　在构建和谐社会，全面建成小康社会，大兴节俭之风，反对铺张浪费的今天，"君子之交淡如水"，仍应成为我们遵循的准则。

友辩惠施

第三章 庄子民俗 启蒙后人

庄子文化影响巨大,由庄子生前所形成的生活习惯、生活方式、谋生手段、人生态度、致学原则等,都对后世产生了巨大影响,从而形成了丰富多彩的庄子民俗。如编草鞋、剪蝴蝶、下土棋、清炖鱼等庄子民俗,至今仍流行在黄河故道。

庄子既是"文哲大师",又是一介平民,前者是指庄子写了十余万字的美文,以及在美文中所蕴含的深邃无比的哲学思想;后者是指其终生不仕(仅做了短时的"漆园吏")"身居陋巷"、"面黄肌瘦",甚至借粮度日的贫民形象。纵观两千多年的历史,作为"文哲大师"的庄子,其思想在知识分子中影响颇深;而作为贫民的庄子,其生活习惯以及个性特征在黄河流域得以广泛流传,并由此形成了颇具影响力的"庄子民俗",其民俗并越来越浸透时代特色,渐渐形成了一条剪不断的历史纽带。

第一节 编草鞋

据传,庄周在宋国蒙泽做漆园吏时,生活很贫穷,每天吃了上顿没下顿。一年秋天,他家中已断粮三日,妻子颜玉几次劝说他求监河侯借粮,他却不愿去。因为庄周看不惯像监河侯那样的势利小人。但在妻子再三劝说下,他终于去找监河侯借粮。但事情的结果不出庄周所料,粮不但没有借到,却落了一肚子气。庄周回到家中,把借粮不成的经过告诉了妻子颜玉。颜玉安慰庄周说:"人常说,靠水吃水,靠山吃山,咱守着这满湖水,还能饿死不成。"于是,庄周在蒙泽湖岸边看着河水里生长的芦苇、薄草,便萌发了编草鞋的营生。因湖水两岸湿地多,居住在这里的百姓夏、秋季节大都是赤脚出门。冬季大都是穿草鞋,两脚冻得撑不了。庄周心想,薄草、芦苇茅缨编草鞋不用一点本钱,既能贴补家用,又能为乡邻带来好处,实在是一桩好营生。庄周用麻绳作经,用薄草编成草鞋,穿着既轻松又不磨脚,正好适宜夏、秋季节穿。冬季天冷,庄周就用麻绳作经,把芦苇茅缨编成鞋的样子,鞋里放些苇茅缨和麦秸,穿着即舒适又暖和。庄周把编草鞋的手艺教给了当地老百姓,这种即省钱又保暖的草鞋受到老百姓的喜欢。

庄周故里人们编草鞋手艺的传承有三种形式:一是邻里互传。蒙泽湖是宋国北部的天然湖泊,这里水草丰美,苇、莆丛生,蒙泽村(后易名青莲寺村)在水一方,有得天独厚的自然优势。庄周把编草鞋的手艺传给村里百姓后,邻里百姓又相互传授,进而波及全村。二是串亲相送。因蒙泽湖畔湿地多,庄周故里百

姓多以穿草鞋为荣。他们走亲串友时，总喜欢带上几双草鞋作为礼品赠送。女儿出嫁时，也要放上几双草鞋压柜。当地民谣说："青莲寺的姑娘手儿巧，带着草鞋上花轿；手儿巧，人更俏，把咱的手艺带走了。"三是庙会交流。庄周故里编草鞋手艺得以广泛流传，主要缘于青莲寺庙会。几千年来，青莲寺庙会已由单一的宗教文化，发展成为融汇宗教信仰、文化娱乐、商品交流、人情往来的多元文化。这种草鞋虽然暖和，但一遇到阴天，很容易沾泥透水。后来，当地的老百姓就用木板做鞋底，即防水、防潮又能踩泥。因穿着这种鞋，每走一步，都会发出"戚，嚓"声，豫东一带的老百姓都称此鞋为"草墙子。"在20世纪70年代末，民权、宁陵、兰考、曹县的农贸集市上还有卖草鞋的呢。

第二节　剪蝴蝶

据传，一天，庄周在蒙泽湖边的漆园树下躺着休息，不知不觉地进入神奇的梦乡。他梦见自己变成一只栩栩而飞、从容而游的蝴蝶，一会儿飞越枝叶繁茂的园林，一会儿戏游于奇花异草之间，神随蝶去，完全融入气象万千的大自然之中。庄周一梦醒来，急忙回到家里，把自己刚才做梦化为蝴蝶的事告诉了妻子颜玉。颜玉听后非常兴奋，遂对庄周说："夫君，你做梦化成蝴蝶想必是一种吉祥之兆。"于是，她拖着病体到蒙泽湖边采了几片荷叶，并用剪刀裁出一只蝴蝶，贴在家中破旧的门窗上，希望能给家中带来吉祥和快乐。

后来，颜玉就把这种剪蝴蝶手艺传授给村里的女孩子。女孩子出闺也喜欢把蝴蝶绣在窗

剪纸图

帘上、枕头上、鞋头上，希望能给婆家带去幸福吉祥。村里的黎民百姓都认为蝴蝶是庄周的化身。为了纪念庄周和颜玉，当地盖新房或过新年都有剪蝴蝶贴窗花的习俗，一方面用来装饰环境，增加节日喜庆气氛；另一方面也含有祝福百姓幸福吉祥之意。千百年来，这种剪纸艺术一直在民权县顺河、褚庙、老颜集、林七一带延续着。这里的村民喜欢蝴蝶，村村都有擅长剪蝴蝶的艺人，尤女性为最。20世纪五、六十年代，常有一些剪纸艺人赶集上会，把剪出的图案摆放在用布铺设的摊位上任人挑选，既增加了家庭收入，又促进了传统剪纸艺术的交流。老颜集乡仲楼村有个李老太太，她用一双巧手、一把剪刀，能剪出上百种花鸟虫鱼图案。她剪的蝴蝶栩栩如生，翩翩欲飞，深受广大村民喜爱。她走村串巷，献艺授徒，成为享誉一方的民间剪纸艺人。

第三节　下土棋

庄子一生，除喜爱钓鱼外，闲暇时还喜爱在附近的蒙泽湖边树荫下同好友下土棋。所下的土棋有推车、砍秋秋、六周、四周等。棋子多为就地取材，用坷垃、树枝、瓦片作为棋子。以六周为例，用两手指叉开在地上画成棋盘，形成25个小方格、36个点。甲乙双方先后落子，4子为一方，可掐去对方一子；6子为两方，可掐去对方2子；先构成一行6子者为成一溜，边溜可掐去对方2子，中间溜可掐去对方3子；庄周对下土棋颇有研究，他热爱大自然，尊重大自然，随手抬来树上枝叶，捡来田野坷垃瓦片，皆可作为棋子，给自己和百姓带来无穷的生活乐趣。他把下土棋作为自然规律来遵循，顺之，则心神愉悦，旗开得胜；背之，则心烦意乱，无路（棋路）可走。倘若用来赌博，为外物所牵累。则会使人心神不定，他说，用瓦片做赌注，技巧好得不得了；用带钩做赌注，就会使人心生恐惧；用黄金做赌注，就会使人头昏脑涨。因为，用瓦片做赌注，你不会在乎输赢；赌博的时候，你就可以随意表现技巧。但是赌注越大，你心里的压力也会越来越大，你的技巧就难以正常发挥。他告诉人们，你越看重外物，内心就越笨拙。欲望越少，一个人的自然领悟才能清明。

千百年来，这种娱乐活动一直在河南、山东、安徽、河北四省交界处农村延续着。这里的村民大都有下土棋的爱好，20世纪五十年代至八十年代，农民在劳动之余，在田间地头树荫下，常有三五人结伴下土棋。他们席地而坐，二人对阵，众人围观，不在乎输赢，不受外物牵累，只求消除劳累，身心快乐，组成了一组组自然和谐的田园休闲图。现在，在豫东一带农村，一些上了年纪的人在夏秋村头树荫下乘凉时，总喜欢结伴下几盘土棋。

第四节　清炖鱼

庄周家里生活清苦，为了补贴家用，他常在蒙泽湖边持竿钓鱼。一日，他的老丈人来到蒙泽探亲，因家中没米没面，天近晌午，妻子颜玉还没有烧火做饭。老父亲看到闺女的难处，坐在木凳上低头无语。这时，庄周钓鱼回来，一手拎着钓竿，一手拎着一条五六斤重的大鲤鱼。翁婿相见，自然欢喜不尽。颜玉正愁无"米"下锅，见夫君拎着一条大鲤鱼进屋，脸上的愁云顿时一扫而光。庄周急忙刮鳞剖肚，洗净后，把鱼放在锅里，加上葱块、食盐，让颜玉烧火煮了起来。鱼煮熟后，清汤白鱼，味香扑鼻，极为鲜美。庄周的老丈人喜滋滋地品尝着，夸道："好吃！好吃！"

蒙泽村坐落在蒙泽湖岸边，湖水长流，水域面积大，野生鱼类丰富。在庄周的影响下，"湖水煮白鱼"很快走向蒙泽湖两岸百姓的灶头餐桌。几千年来，这道土生土长的名菜在庄周故里周边数百里城乡广泛流传。"湖水煮白鱼"，在豫东

清蒸鱼

和鲁西南也叫"清炖鱼"，并有"无鱼不成席"的说法。男女订婚待媒人、结婚生子圆九置办喜宴，都要上一道"湖水煮白鱼"，以表示对贵宾的尊重。后来，随着时代的变迁，人民生活水平的提高，喜宴上把"清炖鱼"改为"红烧鱼"，并有"鱼头朝大宾先喝酒"的说法。同时，也丰富了酒文化的内涵，亲朋好友相聚劝酒时，有"头三尾四腹五背六"的酒令。坐在上首的人抬筷时，而要先把鱼眼夹起，让左右人先品尝，意为"高看一眼，厚爱一层。"进入新千年之后，故里人喜庆之余，回归自然。人们吃腻了红烧鱼、焦炸鱼，渐渐把庄子民俗文化溶入日常生活之中。"清炖鱼"既不破坏鱼的营养，又益于人的身心健康，重新走向大众的餐桌，已成为人们宴亲待友必不可缺的一道传统名菜。一些酒店经纪人也应运打出"庄周牌"，把"清炖鱼"改为"庄周鱼"，成为城乡餐饮业一道亮丽风景。有广告词说："清炖鱼、庄周创；几千年，不走样；味鲜美，益健康；顾客来，请品尝。"

第五节 斗 鸡

斗鸡原是古代贵族的一种业余爱好，但为何在民间广为流传呢？庄周故里的人说，这种娱乐活动与庄周有关。

据传，庄周在宋国蒙泽做漆园吏时，除看书著书外，还常与惠施在一起论辩哲理。闲暇时，他俩也偶尔下上几盘土棋。一天，庄周正与好友在树荫下下土棋，突然传来一阵公鸡的嘶鸣声。庄周猛抬头，看到一只勇猛无比的公鸡正追赶另一只落荒而逃的公鸡。庄周推一下全神贯注下土棋的惠施说："你看，这场面多壮观呀？乡野之下能有这种娱乐活动，不是也能给黎民百姓带来乐趣吗？"自此，庄周闲暇时常与村里人在一起玩斗鸡，在庄周的影响下，这种斗鸡活动在附近村庄慢慢兴起来。庄周对斗鸡之术研究颇深，从对鸡的驯养到临战前的准备，直至进入格斗状态，庄周对每一个环节都做了细致入微地观察。同时，他还从养生的角度上升为一种新的境界。庄周在《达生》篇中，对这种境界做了极好的比喻。纪渻子为周宣王驯养斗鸡，过了十天之后，周宣王问纪渻子："鸡驯好了吗？"纪渻子回答说："不行，

正虚浮骄矜而恃气。"十天后周宣王又问。回答说："还是不行，还是听见响声就叫，看见影子就跳。"又过了十天，周宣王又问。答曰："还是不行，高视阔步而盛气凌鸡。"又过了十天，周宣王再问。回答说："差不多了，别的鸡再叫，它也不为所动，就像一只木头做的鸡一样。它的德行真可说是完备了，别的鸡根本不敢应战，掉头就跑了。"庄周对斗鸡的临战姿态描述得可谓绘声绘色，惟妙惟肖。

几千年来，这种斗鸡娱乐活动一直在河南、山东、安徽、河北四省交界地区流传，并逐渐形成一种民俗文化。庄周故里一带的斗鸡娱乐活动流传形式有三种：一是庭院自赏。民间家家户户均有养鸡的习惯，少则三、五只，多则数十只，鸡子长成后，每家每户都会精选出几只芦花大公鸡啼鸣报晓。这些生性好斗的公鸡，在封闭的庭院内自然不会安分守己，常与同伴相互叨架，直叨得鸡冠滴血，败者落荒而逃方休。这种原始的鸡叨架自然能给百姓带来快乐，成为他们自愉身心的娱乐形式。二是村头炫耀。每年的中秋、春节，或农闲之时，老百姓总喜欢把自家胜者为王的公鸡抱向村头热闹处炫耀。斗鸡时，双方各抱一只大公鸡放在一起，使其互啄。公鸡大多颈毛直立，伸头翅尾，斗志昂扬。双方不停地为自己的公鸡助威、加油，围观者也都加入到自己所支持的一方，众人齐喊："上、上、上，叨、叨、叨！"场面极为热闹壮观，给人们增添了无穷的乐趣。三是串村表演。民间一些杂耍艺人，为烘托演艺气氛，在演出中也常穿插一些斗鸡表演节目。这些斗鸡只只健壮，气势非凡，相互啄斗，着实令观者惊叹不已。此时，这些艺人也借势临场叫阵，言称："谁家有斗鸡，可抱上来决一高低；输者把鸡留下，赢者送上一只鸡。"虽应者甚少，但却把斗鸡娱乐活动推向高潮，一时会引得观者掌声阵阵。每年农历二月初九日（庄子的生日）和农历八月二十四日（庄子的祭日）的青莲寺庙会上，一些擅长斗鸡表演的民间艺人总是捷足先登。有的艺人还别出心裁，给斗鸡披红戴花，以吸引观众的眼球。据传，在清乾隆年间，曾有数十班民间杂耍艺人在青莲寺庙会上表演斗鸡，曾引得方圆数百里的百姓前来观看。至今，每逢过年时，在庄周故里民权的乡村集镇上也常可看到斗鸡比赛。

第六节　轻仕途

　　庄周家贫，身居陋巷，以编草鞋维持生计。有时甚至无米下锅，要向人借粮。他隐而不仕，对功名利禄不放在眼里，过着随心所欲、自得其乐的生活。传说，楚威王听说庄周很有贤能，就派两个钦差带着贵重的礼品迎接庄周并委任以相国。这一天，庄周正在蒙泽湖边钓鱼，两个楚国钦差赶着车马停在他面前，钦差说："我们是楚威王的钦差，奉命前来恭迎夫子进宫做相国的。"听到钦差的话，庄周的弟子蔺且惊喜不已。但他看看低头静心钓鱼的老师却没有一点反应，使站在一旁的两位钦差很尴尬。过了一会儿，庄周才漫不经心地说："谢谢楚王的厚爱，我听说贵国有只神龟，已经死了三千多年。楚王慕其身贵，恭恭敬敬地将它的尸骨放在盖有丝巾的宝箱子里，虔诚地供奉在庙堂。你们说，这只乌龟是愿意在庙堂让人供奉，还是愿意在淤泥中拖着尾巴自由自在地生活呢？"钦差回答说："夫子虽向往无拘无束的生活，但您怎么好拒绝楚王的盛情呢？"庄周说："老夫心如逍遥游，一生别无奢望，唯愿像栖息在泥水中的龟那样逍遥地度过残生，就请二位回去吧！"两位钦差看庄周对高官厚禄毫不动心，只好无奈而归。

戏言拒相

几千年来，庄周的轻仕途、重逍遥思想在故里人的民俗文化中留下了难以消失的烙印。这一带的人大多有恋家不舍的思想，把前途、官位看得很淡，满足于"三十亩地，一头牛，孩子老婆热炕头"的平民生活。当地流传着这样的俗语："金窝银窝不如家里的土窝"、"金疙瘩银疙瘩不如自家地里的土疙瘩"、"千里路上做买卖，不如在家搬泥块。"据上了年纪的人说，由于受庄周轻仕途思想的影响，这一带古代在朝居官的人很少。战争年代，民权一批又一批的热血青年，为祖国的解放事业曾驰骋沙场、浴血奋战，可当他们完成了历史使命后，大都选择了解甲归田。20世纪五六十年代，民权一批有志青年报名去甘肃、青海、西藏、新疆等地支边、支教，有的进步很快，前途无量。但是，有一些人轻仕途恋家，有不少县处级干部不想在外地继续发展，愿意调回家乡降职安排。也有一些部队干部以种种理由，想方设法转业到家乡工作；许多考入大学的学子，毕业后也都不愿到外地工作。改革开放后，庄周故里人的思想观念有很大改变，市场意识得以增强，在外地工作或外出闯天下的人才逐渐多了起来。

第七节　庄子商号

几千年来，被神化了的庄子在当地人的心目中始终是祛病消灾降百福的神明。于是，一些有市场经济头脑的经营者抓住这一契机，用庄子的名子和著作中的篇目命名商号，已成为当地庄子文化习俗的一大亮点。

据传，在北宋天圣年间，这一带有个叫春风洞（现在的双塔）的小镇，镇上有个"庄周大宗师茶馆"，馆内有庄子画像。宋祁、宋庠兄弟二人经常在这个茶馆里饮茶赋诗、祭拜庄子。天圣二年兄弟二人进京赶考，同科及第，有兄弟双状元之称。为感谢庄子的在天之灵，新科状元宋祁提笔书写了一副对联，上联"庄周胸襟揽日月"，下联"道家灵气撼乾坤"。悬挂在茶馆大门两旁。从那时起，逐步形成了用庄子名字和著作篇目命名商号的习俗。如：清代考城县的"庄子酒楼"、"庄周山木行"，民国时期田庄（现在的民权县城）的"大宗师讲学堂"、"秋水浴池"等。不管社会如何变迁，这种习俗一直延传不衰。改革开放后，民权县城内有个经营化妆品的老板开了个化妆品商店，取名叫"庄周自然堂"。室内布置新颖别致，庄子文化氛围浓厚，走进店内，仿佛进入人与自然相互交融的美妙境界，生意越来越好。现在，民权县城内有：庄子文化广场、逍遥苑广场、庄周小学、秋水路、庄周大道、庄周豫剧团等。2010年，县政府投资6000多万元兴建庄子文化馆，即将竣工。这些迹象表明，庄子文化已融入民权人民的日常生活之中，庄子文化民俗已与知识经济有机地结合在了一起。

第八节　青莲寺庙会

青莲寺是文哲大师庄子的故里。青莲寺庙会是当地群众为纪念庄子而自发形成的，至今已有1200多年的历史。

据《唐会·要尊崇道德》一书记载：唐天宝元年（公元742年）二月十二日，唐玄宗追赐庄子为南华真人，所著书为南华真经。蒙泽村人为祭拜庄子，建寺一座，取名青莲寺。蒙泽村也随之更名为青莲寺村。寺内香火旺盛，特别是在每年农历二月初九（庄子的生日）和八月二十四（庄子的祭日）这两天，前来祭拜庄子的民众络绎不绝，天长日久，就形成了盛大的青莲寺庙会。

青莲寺庙会每年两次会期（农历二月初九和八月二十四），会期三天。庙会期间，各地商贾如期赴会，绸缎布匹杂货一应俱全。方圆数十里的善男信女，像逢年过节一样，身着新装，或乘马或坐轿或推车或步行从四面八方蜂拥而至。有民谣说："戴新帽，穿新装，赶庙会，拜老庄；多上供，多烧香，保你年年都安康。"各地进香者和游人提前赁房，青莲寺村旅店民房往往爆满，临近村庄也住有香客。玄妙的道教音乐、神秘的宗教绘画、劝人远功名、做善事的道德经宣讲、规模盛大的社火表演、民间工艺、民间杂耍、民间戏曲等，可谓五行八作，丰富多彩。发展到清代末期，庙会规模已波及周边一、二十个县，外地来者，不论早晚，第一件事是到青莲寺内进香，祭拜庄子。生意人祈求生意兴隆；种田人祈求五谷丰登；当兵的人祈求一生平安；读书人祈求高中及第；有病有灾的祈求祛病消灾。他们把庄子当成能治百病、赐百福、至高无上的保护神。有记载，清

朝末年的一次庙会，因青莲寺外摊位拥挤，山门内香客如潮，纠纷迭起，考城知县曾发布告示，规整会场。不管历史如何变迁，这种古老的民俗一直传承下来，青莲寺古庙会已成为当地人生活中的一件大事。

　　新中国成立以后，青莲寺庙会几经盛衰。1952—1957年，庙会规模胜过以往；1958—1960年，庙会受到政治运动的影响，曾一度衰落；1961年开始恢复，会期由原来的三天改为一天改革开放后，当地人为祭拜庄子，在青莲寺的旧址上建起一座小庙。每年的农历二月初九和八月二十四（原来的青莲寺庙会会期），数千名香客像赶庙会一样，纷纷在小庙的香盘里放上功德钱，烧上三支香，拜拜心中的神明，为家人接灵气，为儿孙祈福，寄托着对生活的美好愿望。青莲寺村及周边数十个村庄的小商小贩、商店经营者也都习惯性的摆上香案，放上香炉，插上香，供上水果，以表示他们内心祭拜庄子的真诚和祝愿。

第九节　不厚葬

　　公元前286年秋天，庄周已在人生的旅途走过84个春秋。一天，庄周偶感风寒，竟然卧床不起，一连几天汤水不进，逐渐地进入昏迷状态。弟子们请来

极乐归道

木匠为他做棺材，院子里砍木刨板的声音惊醒了庄周。他看到儿子、儿媳和弟子们围在自己身边，便问："我正在梦游南华仙境，是什么声音把我惊醒？"弟子们告诉庄周，要给老师做一副好棺材，以备不测。庄周说："我把天地当作棺椁，把日月当作双璧，把星辰当作珠玑，把万物当作殉葬，我陪葬的物品难道不齐备吗？"弟子说："我们担心乌鸦与老鹰会把老师的身体吃掉。"庄周说："在地上会被乌鸦与老鹰吃掉，在地下会被蝼蚁吃掉；从那边抢过来送给这边吃掉，真是偏心啊！"农历八月二十四这天，庄周长眠而逝。儿孙与弟子们按照他的遗愿，入棺薄葬在宋国蒙泽湖畔。墓地是黄土堆起来的，高仅六尺，周长仅3丈，周围无建筑物，无松柏陪衬，是一座不显眼的土坟。

送走老师安息，弟子们方有所悟："老师把天地当成一个大化流成的场所，身体只是暂时借住其间的客人，生死无异于来来去去，何必大费周折呢？"受此思想的影响，在民权县青莲寺乡和老颜集乡至今还仍有"亡后不厚葬，亲人莫悲伤"的习俗。其习俗演变形式有三：一是芦苇裹尸。蒙泽湖畔芦苇丛生，蒙泽村人多有编芦席的手艺。夏日树下乘凉贴身睡眠，冬日遮盖茅房挡风隔雨，芦席是不可缺少的生活必需品。亲人亡故，就用一领芦蓆裹尸入土。当地村民说："庄周一生喜欢与水为伴，芦苇产于蒙泽湖中，受水的滋润生长，编织芦席陪葬亡人，仍会滋润亡人的灵魂"。二是杂木为棺。蒙泽湖岸边湿地较多，村人遍植杨柳、榆树，十年、八年便可成材。亲人亡故，村人便就地取材，以杂木为棺。这种习俗一直延续到20世纪90年代。三是深埋，不留坟头或留小坟头。灵魂安然。随着人民生活水平的提高，不少地方出现丧事大操大办现象，但庄周故里人仍不为所动。他们说："老祖宗留下来的好习俗咱不能改，改了就愧对庄周故里上辈祖宗。"当地流传新民谣说："新农村，新气象，传统美德不能忘；邻里有事大家帮，丧事从简不铺张；出殡饭不讲究，两个馒头一碗汤；不要说俺太抠门，几千年就是这个样。"

第十节 求"庄子井"水

庄周故里青莲寺村有一口老井。此井深数丈，井壁坚如文石，光泽似墨

玉，水清而味甘，为昔日庄周生活炼丹汲水处。后几遭黄河水患，历经屡次整修，保存至今。据传，庄周出生时，天空雷雨交加，突然，从东北方向天空划过一颗流星落在蒙泽村里，立时，平地砸出一个深坑。一会儿，坑里的水咕嘟嘟直往外蹿。这水清得透明，甘甜可口，村里的男女老少呼啦都跑了过来，蹦着跳着看稀奇，都说是庄家后生为邻里百姓带来了好运。此时，庄周的父亲庄强笑得合不拢嘴。第二天，他就和邻里百姓自愿出钱出力买来了砖、石料把井砌了起来，垒了井台，加了用芦苇编织的井盖。庄周长大成人后，开始著书立说，有时心烦意乱写不下去了，就提着陶罐到井里打水。一陶罐水咕嘟咕嘟喝下去，立时口舌生津，神情怡爽，再回去写文章就顺溜了。村里上年纪的人说，庄周写《逍遥游》时，边喝水边写作，文若泉涌，字字珠玑，一天一夜，一气呵成。其文气势宏伟，惊险刺激，可谓独领风骚，千古绝唱。

几千年来，庄子井之神奇，滋润着庄周故里这方沃土，滋养了世世代代的邻里百姓，积淀了丰厚的民俗文化。其传承形式有三种：一是青莲寺村人以庄子井为荣，有热爱乡村、热爱故土的自豪感。数千年来，村里黎民百姓敬重庄周，视庄子井为镇村之宝。民谣说："美不美，家乡水，最美还是圣井水。"村中传闻，庄子井水有多种神奇功效：井水解乏。村民田间劳作，必备陶罐盛水解渴，饮之，便会疲劳顿消。井水祛病。村人头痛脑热，身体不适，一饮此井水，便

庄子井

浑身发汗，疾病皆无。井水解和。夫妻争吵，家庭不和，一饮井水，便会相互谦让，火气全消。井水添劲。外出经商者，总不忘随身携带一个装满井水的大葫芦，旅途饮之，便会提神添劲。井水增智。进州府考取功名者，也有"身带圣井水，考场增聪慧"之说。据传，该村在明、清两代考取举人、秀才、贡生者达十多人，在方圆数十里村庄传为佳话。二是历史上不少名人都慕名来此村寻觅圣迹，求饮圣水，滋身润体，才思敏捷。南朝江总，隋济阳考城（今民权县程庄镇）人。他多次到庄周故里青莲寺村凭吊先哲，常饮庄子井水，写下名篇《庄周颂》，诗曰："玉洁蒙县，兰薰漆园。丹素可久，雅道斯存……"。唐代大诗人李白，曾游历庄周故里青莲寺村，一时诗兴大发，写下《咏庄子》诗一首。诗曰："万古高风一字休，南华妙道几时修。谁能造入公墙里，如上江边望月楼。"清代贡生张良珂，常到青莲寺游玩，多受圣水恩泽滋养。一个夏日的午后，他来到青莲寺，天气燥热，口渴难耐，他从庄子井里打了一瓦罐水，咕嘟一阵子，竟咕嘟出几首好诗来。其中一首《庄周井怀古》诗曰："一抹林园带夕阳，名贤故里井泉香。居民莫作沧桑感，此井于今尚姓庄。"三是人们把庄子井水当作圣水，祈求消灾免祸，图个吉祥平安。虽是心理上的寄托，却给黎民百姓带来精神上的愉悦。千百年来，方圆数十里，乃至百里的黎民百姓，适逢青莲寺庙会，便会有数以百计、千计的各色人等来到这里祭拜庄周，把捷足先登饮庄子井水作为一件快事。据传，清朝末年的一次青莲寺庙会上，四方来客如云，庄子井旁围者如堵，里三层外三层，以争饮圣水为快。突然，井水翻花，漫出井台，一时间泉水四溢，众人皆呼圣人显灵，久久不愿离去。祈求庄子井水，足以说明人们对于庄周的崇拜和信仰。这种崇拜和信仰在人们心理和信念上的传承，致使这一民俗能够得以世代相传，经久不断。方圆数十里、百里、千里的游人，远道而来寻觅圣迹，他们在庄子井旁驻足肃立，祈求能饮上可口甘甜的圣水，给自己和家人带来心情愉悦，吉祥安康。庄子井被列为河南省文物保护单位。

第四章 庄子传说 百代常新

作为传奇式的人物，庄子有着许多生动有趣的传说故事，从不同的侧面再现了庄子的一生，同时也表明了后人对庄子的爱慕之情。庄惠斗智、庄子论道、庄子诲徒、庄讥曹商、庄谈后世等故事，无不彰显了庄子作为文哲大师的大智慧。

庄子历来就是一个颇具传奇色彩的人物，既有神秘的一面，又有朴素的一面。其神秘性表现为：在那样恶劣的政治、经济、文化环境中，在朝不保夕的艰难困苦中，他居然能创造出那样令人拍案叫绝的文章；其朴素性表现为：在物质生活上低要求，一生节俭，即使到生命的最后时刻，他还反对其徒欲为其厚葬的想法。庄子的伟大人格魅力和其高远的精神境界，为后人留下了广阔的传奇空间，形成了诸多传说故事，趣味横生、百看不厌。

第一节　出世蒙泽

　　庄子祖辈原为楚庄王远世公族。祖父庄夏是个无实权的幕僚。当时的楚国新君悼王雄心勃勃，试图实行改革，大兴楚国。但是，一时却找不到合适的主持改革之人。恰在这时，卫国的吴起前来投奔，与悼王交谈后，很受悼王赏识，于是，便令其带兵征讨。吴起带兵先后灭掉了黄河流域的几个小国，使楚国自楚庄王之后，再度达到黄河之滨的濮地。

　　吴起征讨有功，甚受悼王垂青。公元前385年楚悼王任吴起为令伊，实行变法。吴起将改革的重点指向了楚国的远世公族，即让远世公族都去边远地方垦荒"以养战斗之士"。一时间，整个楚国为之震惊。这些远世公族，由于手中没有实权，虽然对变法不赞成，也无可奈何。庄周的爷爷庄夏也在疏远之列，他被流放到濮地垦荒。

　　在这年深秋的早晨，庄夏只好带着妻子和儿子庄商（庄子的父亲）与几个愿意跟随的仆人，坐着马车离开了世代生活的郢地，直往北方的宋国而来。一路上，他们风餐露宿，忍气吞声，饱尝了人间的疾苦，体悟了世态炎凉，几经辗转，好不容易到了宋地。北方的宋国与南方的楚国相比，可谓是两个天下，这里在战乱后留下的满目疮痍，使庄夏一家感到了从未有过的悲凉；更有甚者，他们的到来，很不受欢迎，本属宋国的土地，现在却成了楚国的版图，又派楚人来开垦，宋人怎能咽下这口气呢？所以，他们每到一处，当地的人们总是避而远之，甚至投以鄙视的目光。庄夏一家对于这一切，只能听而不闻、视而不见。

北国的深秋，一天冷似一天了。庄夏想：无论如何，要在冬天到来之前找一块地方住下来。一天，他们正坐着车子往前走，突然发现前面一片明亮，走近了才知是一个湖，听人说这就是蒙泽湖，湖旁的村庄即为蒙泽村。这里风景秀丽，人也好，经打听，这里距濮地很近，于是，他们便在此村住下来。从此，开始了他们的垦荒生活。

时光荏苒，日月如梭，仰俯之间，十六年过去了。其间，东周列国不知发生了多少兴亡之事，楚国的吴起变法早已结束。吴起也随着悼王驾崩而死于乱箭之下；周天子仍在不停地发生着位易。这一年，即公元前369年，周烈王登基了。这一年是极不平凡的一年。这年深秋的一个夜晚，蒙泽村里又一个男婴呱呱坠地——庄周出世了。庄周的出世给全家人带来了十六年来未曾有过的欢乐。庄母更是喜出望外，尽享做母亲的幸福。……

庄周出生一个月后的晚上，庄母与丈夫庄商商量着给孩子起名的事。庄商道："若按王室的规矩，孩子的名字必须由国王恩赐。不过，现在我们家道中落，就不必计较这个了。不过，孩子的名字还得由他爷爷起才好啊！"庄母道："对呀！去征求他爷爷的意见。"

庄商来到了爹爹的屋里，庄夏正与庄太商量给孙子起名的事，见儿子过来了，庄夏便道："商儿，你来得正好，我与你母亲正商量给孩子起名的事。"庄商道："二老，我正是为此事而来。您二老看给孩子起个啥名好啊？"

庄夏道："我与你母亲商量了，按照你爷爷的家规，我们这些王室贵族的孩子，无论到什么时候，也无论在什么地方，都要忠于王室，按规矩办事，自尧舜以来，先后出现了夏、商、周三代。我想我们这三代人都要按这起名。如果是这样，这孩子的名字只能叫'周'了。"庄商高兴地重复道："庄周、庄周，"说着庄商大笑起来，笑声在屋里回响…

庄周出世（传说）

听村里老辈人讲，很久很久以前，一位七十多岁的老子后裔在宋国的蒙泽湖畔茅草棚谈经论道时，忽然，从蒙泽湖畔老柳树上方环绕一群五颜六色的蝴蝶。一直向茅棚飞去。其中一只白色的蝴蝶，直飞到那老先生讲道的书简上，久久不肯离去。

渔夫庄顺看到这情景，晚上回到家里，做了一个奇怪的梦。

人们传说中的瑶池，迷雾笼罩，奇形怪状的仙山怀抱一潭清得见底的水，只见一只白色的巨大的蝴蝶从瑶池吸过水后，飞向蟠桃园。

蟠桃园门口，青鸾目露凶光，在把守大门，瞪起眼睛，打量着过往行人。

白蝴蝶飞到蟠桃园门口，轻轻道："青鸾老兄，我是蟠桃园护花使者白蝴蝶，我要按惯例护花授粉。"青鸾凶蛮地大手一挥，说道："少啰唆！不让进，就是不让进。离开了你，玉皇大帝、王母娘娘就吃不上仙桃了？！"白蝴蝶再次请求道："可是，为什么这样呢？况且，没有我们这些蝴蝶授粉，辛勤劳作，蟠桃园的仙桃也结不了果啊！"青鸾闻言愤然变色，拔剑指向白蝴蝶，怒喝道："不识时务的东西，再不滚开，老子就不客气了。"

忽然，刮起狂风，一阵阵巨雷"咔嚓""咔嚓"在头顶炸响。青鸾马上躲进旁边室内避雨。白蝴蝶乘机飞进蟠桃园，在蟠桃园林间飞来飞去，不停地采花授粉，劳累得头昏眼花，忙得汗流浃背。

暴风雨来了，蜜蜂们、蝴蝶们纷纷扇动着翅膀，乱纷纷地飞走了。噼里啪啦的雨水下来了，整个蟠桃园只有白蝴蝶拖着被雨水打湿的翅膀，在艰难地忙着授粉。

正当白蝴蝶在一棵又高又粗的蟠桃树上授粉时，青鸾不知从哪里发现了白蝴蝶，仿佛从天空降下来。青鸾怪叫着向白蝴蝶扑过来。白蝴蝶来不及招架，翅膀被青鸾撕咬得鲜血直流，

白蝴蝶却艰难地闭上了美丽的眼睛，伴随着耳边呼呼的风声，从天空降落到人间。

黎明的曙光笼罩在蒙泽村上空，一道紫气从东方闪射过来，直照在那家茅棚上。顿时，满院亮堂堂，一只白蝴蝶乘紫气飞进这座院里。时隔不久，一个男婴便呱呱坠地，庄周出世了。

这一年正是周烈王五十七年，即公元前369年，阴历三月十八日。

第二节　庄周访道

　　庄周自幼聪颖，勤奋好学，加之母亲知书达理、教子有方，庄周长至五岁时，便能背诵许多《诗经》上的内容了。庄周读书还有一个特点，就是好问，常常问得妈妈没法回答。

　　庄母是个很本分的女子，她开始教庄周读书时，也主要从《论语》、《诗经》上学习，使庄周一开始就记住了"学好《诗经》会说话，学好《论语》走天下"的训条，庄周在家里跟母亲在一块的时间最多，因为父亲常和爷爷一块去开荒种田，在家的时间不多，因此，庄周与母亲的感情特深。

　　为多方面培养庄周，庄母对其要求很严格，从不溺爱。为培养他独立生活的能力，庄母让庄周从小就一个人休息，自己时常在暗处监护着。所以，庄周的独立生活能力很强。这样一来，庄周慢慢养成了爱独立思考的好习惯。为了背会某篇文章，他常常一个人早起，等待天亮晨读。

　　一个春天的早晨，庄周早早起了床，来到了母亲的房间，向母亲先问安，后问问题："母亲早，周儿给母亲背书！"

　　庄母道："好孩子，昨天教给你的内容背会了吗？"

　　庄周道："背会啦，让孩儿背给母亲听"。说着，庄周背了起来："入而孝，出而悌，泛爱众，而亲人。行有余力，则以学文。"

　　"周儿真好，全对了！"庄母高兴地说。

　　庄周则问道："母亲，请您告诉我，'孝'是什么意思，'悌'又是什么意思呢？"

苦县学道

庄母说:"周儿问得好,读书不能只满足于会背诵,更要知道其中的意思和道理。所谓'孝'就是对父母的尊敬,所谓'悌'就是对兄长的尊敬。"

庄周又道:"怎么做才能算是尊敬父母?"庄母道:"无论什么时候,什么情况下,都要听父母的话,不能和父母顶嘴。"小庄周反问母亲:"如果父母的话错也要听吗?"

庄母并没有这方面的准备,没想到,小庄周竟能这样提问题,为了正确引导庄周,庄母道:"父母的话错了当然不能听;不仅如此,谁的话错了也不能听。"庄母说到这里稍停了一会儿,反问庄周道:"周儿,你知道什么话是对的,什么是错的吗?"

庄周道:"我知道,母亲说的话是对的,父亲说的话是错的。"庄母训斥道:"傻孩子,怎么这样说话呢?你说说,我的话怎么个对法,你父亲的话怎么个错法?"

庄周道:"我父亲经常不在家,他并不了解我的情况,总是爱批评我;你经常和我在一起,总是鼓励我表扬我,所以如此。"

庄母道:"你父亲忙,怎么能经常陪你呢?再说,批评你也是为你好。光能受表扬,不能受批评的孩子不是好孩子。"庄母变得严肃起来,她想,庄周一天天长大了,老是和他父亲顶嘴,总不是个办法。她想借此机会开导开导小庄周。于是对小庄周说道:"周儿啊,你父亲和爷爷在濮地开荒种地养活我们,多不容易啊;回到家,你再和他顶嘴,他会不高兴的,你应该宽他的心才是啊!你和父亲和好了,咱这个家都和和美美的,多好啊!家和才能万事兴。"通过庄母的教诲,庄周懂得了"和"的重要,从此他再也不跟父亲顶嘴了,一家人和和睦睦,快快乐乐,小日子还算过得去。在和谐的环境中庄周的进步更快了。

有一次,庄周从学堂回到家里,突然向母亲提出了这样一个问题:"母亲,老师说,老子还是孔子的老师呢!你常说孔子知识多渊博,他为什么还要拜老子为师呢?这说明老子比孔子知识更渊博。以后,不要再教我学习孔子的东西了,我要学老子的东西。"

庄母道:"你这孩子,怎么能这样说话呢?只要有利于你成长的,都应该

学。老子是孔子的老师，正说明，只有先学好孔子的东西，才能再学老子的东西，这叫循序渐进，你懂吗？"

庄周道："母亲所言极是，周儿记住了！"尽管如此，在庄周的心灵上埋下了厌儒的种子，这就是他后来写出大量的批儒文章的最初原因。

在庄母的教导下，庄周终于对《诗经》、《论语》熟读成诵了。不仅如此，庄周对问题的看法越有越有自己的观点了，在学堂里，他常常提出许多连他的老师也不懂的问题：譬如：天为什么会刮风？为什么会下雨？为什么有冷有热？太阳为何这么大？星星为何那样小？月亮为什么夜间明？为什么会有昼夜之分？月亮为何有圆缺之时？所有这些，为他后来写作《天地》、《天道》、《天运》等文章，埋下了伏笔。

回到家里，庄母也常常被问得答不出来：譬如：男女有别是啥意见？人为何有富有贫？人和动物有何区别？什么是美与丑？为什么会有贵贱？他认为人都是一样的，不应该有贵贱之分，这为他后来形成"齐物论"思想奠定了基础。

随着时间的推移，庄周的学问越来越大了，蒙泽村方圆几十里内的有学问的人，他几乎拜完了，再也没有其他人能当庄周的老师了。庄母更感到自己力不从心。

一天晚夜，庄母将庄周叫到跟前，说道："周儿，你长大了，知识也掌握得多了，为娘我也没能力教你了，我尊重你的选择，你要是真喜欢'道家'思想，你尽管学，但是要知道，要想在道学方面有所成就，你必须付出一生的努力。"

庄周道："周儿决心已定，我准备到老子的故里去学习。如果母亲同意，孩儿明天就到苦县去。"

庄母道："好，母亲支持你，但又不能让你父亲知道，他是不会同意的；再说，你年龄还小，只有18岁，外出一定要加小心，千万要注意安全！"

庄周道："周儿大了，我会照顾我自己的！待我把'道'学到手，我还回到你身边，孝敬您！"

说罢，庄母帮庄周整理行李，准备明日一早动身。

庄周回到了自己的屋里，心里不觉细盘算起来：明日怎样去苦县？几天能到？天气会有什么变化？路上会遇到什么困难？他这样想着，不知何时方入梦乡。

一觉醒来，天才蒙蒙亮，庄周便起来了床，起床后，一开门他发现母亲已在门外等着。便忙道："母亲早，孩儿起晚了！"

庄母道："不晚，天刚拂晓。"庄母稍停一下话一转问道："孩子，都准备好了吗？"

庄周道："都准备好了，我洗漱一下就走。"

庄母一直将庄周送到村南口，直到庄周在视线中消失才离去。

庄周回首看了看母亲和故乡，便迈开了大步，直朝苦县奔去。火红的太阳照耀着这位英俊少年，构成了这天地间绝妙的风景。天到午时，庄周显得有点累了，想找个地方休息一下。突然，发现前方路旁有棵大树，不觉加快了脚步，来到大树下停下来时，却被大树深深地吸引了。这不是一般的树，只见叶子大如扇，树枝也有几搂粗，树身子足有八围之强。庄周越看越觉得神奇，他不住地自言自语道："这棵树长在路旁，却没人伤害它，以致长得这么大，这究竟是为什么呢？是它没有什么用呢？还是它就是一棵神树，人们对其敬而远之？"这样想着庄周也越发敬畏这棵树了，甚至不敢用手去摸它，只是在其下乘凉。庄周感到了从未有过的舒服，他绕树转了三圈，就没有停下来，凉快了一会儿便离开了。但仍不住地回头看那棵大树，真可谓是五步一回头，十步一徘徊。……

当回头再也看不见大树的时候，庄周才昂首向前，向着苦县的方向走去，一边走，一边哼起了小曲儿："这棵大树真稀奇，是神是鬼我不知。他年我若摸清底。定要重来拜访你……"

小曲儿在那空阔的旷野里回荡，余音袅袅，不绝如缕……

太阳快要落山的时候，庄周正为投宿犯愁，他猛然间一抬头，只见前方有个大村庄。在这苍茫的暮色中，庄周不禁加快了脚步。快到村口时，便发现村头有家客栈，上面写着："李家客栈 宾至如归"的字样。庄周不觉心里有了底，今夜就在这里过夜了。

客栈的主人是个上了年纪的人，很热情，庄周刚到店门口，便问道：

"客人住店吗？"庄周道："老人家，有房间吗？"老店主道："有！客人进来吧！"

庄周在老店主的引领下，走进客栈，庄周刚把行李放下没有安排住房前，只听老店主叫道："玉儿，快给客人倒水！"只听见一个少女的声音传了出来："爷爷，客人在那里"，随着这问话声，一个妙龄女郎从里面走了出来，只听老店主道："玉儿，这就是刚到的客人，快给客人倒水！"那妙龄女郎显着格外玲珑，仔细地将庄周上下打量一番后，沏茶去了。不一会，那玉儿便端着一杯茶举案齐眉走了过来，走到庄周跟前便极有礼貌地说："先生，请用茶！"。

庄周双手接茶时，仔细地看了玉儿一眼，然后道："多谢姑娘！"不一会，老店主走过来，对庄周说："客人你的房间安排好了，请到房间里歇息！"

庄周来到了房间里，看里面设施虽不豪华，倒也干净。庄周放下行李坐了下来。稍微休息一会儿，庄周便找到老店主，问是否有吃的。因为庄周步行一整天，够累了，也够饿了，的确该吃点儿东西了。老店主看庄周真有点饿了，忙吩咐玉儿去给客人做饭。

在等饭期间。老店主和庄周拉起家常，老店主道："客人这是到哪里营生呢？"庄周道："老人家，我不是做买卖的，我是去苦县学'道'的"，老店主十分诧异道："什么？学'道'的"？"是学道的，老人家莫非您老也懂得'道'？"庄周道。

老店主打量了庄周一番，然后道："年轻人，先别问我懂不懂'道'，你先回答我，你为什么要学'道'"。庄周道："我听说，道是天地间最大的，是万物之源；道的威力又是巨大无比；道生万物，物物有道。得道之人，无所生死，无所贵贱，方能云游四海，达于至精。普救苍生，济世扶穷。当今之世，天下大乱，人之为人，重在保身，然后齐家，拯救世人，我之所以要学道，其目的就是救世人于水火。"

老店主一听，大喜道："好样的，有志气，年轻人，当今乱世就需要你这样的青年。但是，要记住，乱世之根，在于统治者的有为，要想使天下得治，须走无为而治的道路，无为而治则天下治；有为而治，则天下乱。看你雄心勃勃的样子，是想有所作为，这很好，但要知道，昏君当道，小人纵横，英雄无用武之地，你一定要小心啊！"

庄周听着老店主的话，觉得他心有余悸，便谦恭地说："老人家，庄周不才，请你多指教，给我说说'道'好吗？"老店主道："'道'怎么能说得透呢、老子说：'道可道，非常道；名可名，非常名'。道只能靠人的悟性去理解，去体会。记住：要想体悟到'道'必须忘掉自我的形体，忘掉一切私心杂念，忘掉一切亲情，忘掉一切功名利禄，甚至忘掉生死，全身心地与自然融合，进入天然之乡，方可得到'道'了。"

"爷爷。饭做好了！"玉儿突然叫道。老店主陪着庄周吃。要知道，陪客人吃饭，老店主还是第一次，这一老一少，边吃边谈，越谈越来劲。那玉儿在暗处偷听着，并不时地发出微笑。……

吃过饭后，庄周便要付款，只听老店主道："年轻人，今天的饭不收钱，算是我请客！"

庄周道："老人家，这可不行，你开店也不容易，我怎么能让你老请客呢？"说着庄周还执意要付款，老店主道："再这样，我就生气了，今天你就别在这住宿了！"庄周这才不再说付钱的事。庄周道："老人家，敢问您尊姓大名"。老人家说道："老夫姓李，名心，是道家始祖李耳的第五世孙。从小习道，玉儿她爹也就是我的儿子，在战火中牺牲了眼下就剩下我们祖孙两个了。为了逃避战乱，我们到这里开起客栈，一边传道，一边营生。"

这时，庄周为之一振，敬仰之情顿生，扑通一声跪下了，急忙道："老人家，您就是我要找寻的那个人，您就收下我吧，我要好好地向您学'道'"！老店主急忙把庄周扶起，并道："客人请起，不必这样！"待庄周站起后，老店主又道："你不是要到苦县学道吗？这里离苦县城已经不远了，估计明天这个时候就可以到了，我给你说，县城北门外，也有一个客栈，客栈主人也姓李，人称'李老仙'他对道悟得深，要学，你就跟他学好啦。"说到这里，老店主话题一转问道："年轻人，你还没告诉我你是哪里人，姓甚名谁呢！"

庄周忙道："老前辈，晚辈姓庄，名周，我是从宋国的蒙泽村来的。不瞒您说，我的爷爷原本是楚庄王的远世本家，属于公族世家；只可惜一场'吴起变法'"，我爷爷便被疏放在这黄河岸边的濮地垦荒。家境的遭遇，使我对

仕途不感兴趣，我愿终身习道传道于后世。"老店主道："好样的，难得有你这样的雄心大志，道家后继有人了，这样，我也就放心了！"说话间，玉儿也过来了，说道："爷爷，让客人休息吧，走了一天的路了，一定很累了，明天还要赶路呢！"老店主道："庄先生，这就是我的孙女玉儿，如今我最放不下的就是她了，我若能看着她嫁人，也就放心了。如今世道，找个好人家不容易呀！庄先生若是不嫌弃，就让玉儿跟着吧"。"爷爷，看你说道，别让客人为难了！"玉儿道。

这时庄周看了玉儿一眼，便道："老人家，我庄周现在还没什么能耐，玉儿跟着我会受苦的，待我有能力了，我一定再来拜访！"老店主道："那也好，庄先生休息吧，明天一早还要赶路呢！""多谢老前辈，多谢玉儿！"庄周边说边打拱。

庄周回到自己房间，躺在床上一时睡不着，他在想离开家时母亲的叮咛；在想路上碰到的哪棵大树；在想老店主的那番话，在想老店主的孙女李玉儿。特别是玉儿的一举一动，都在庄周心里留下了深深的烙印。老店主要把孙儿许配给自己，尤其让庄周放不下，他在床上辗转反侧，久久不能入睡。

第二天一早，庄周便起了床，当收拾好行李准备向老店主告辞时，没想到老店主和孙女玉儿已在大门口等候，玉儿把早已准备好的干粮拿在手，等待庄周出门给他。

庄周见老店主和玉儿已在大门口等候，非常感动，走至跟前道："老人家早，玉儿早！""庄先生早！"玉儿道。老店主道："庄先生你赶忙赶路吧，路上要小心，回来路过这里，再往店里看看。"庄周道："老人家，您放心，我庄周一定会来的！"说着，庄周快步踏上了通向苦县城的路。并回头向老店主和玉儿挥手致意。

庄周心中充满喜悦，离开客栈，大步流星般向苦县而去，大概到了申时，庄周便来到了苦县北门外的那家客栈，上面店旗上字迹清楚："李老仙客栈"庄周想，这就是老店主所说的那家客栈。于是，他慢慢地停下来，仔细端详那店旗上面的字样，在"李老仙客栈"两侧，各有一行小字，细看时便知是："道家经典五千言，行道之人皆有缘，欲做传道意中人，请君速拜李老仙。"庄周看后把思维定格在"请君速拜李老仙"一句上，思忖再三，庄周便走进客栈，见老者，便礼貌地问道："请问李老仙高人在吗？"那老者道："你是何人？找他做甚？"庄周道："找他两有个意思：一是在贵处借住一宿，二是前来向他学'道'"。那老者道："住宿可以，学道不行！"庄周着急道："大人，为何不行？你的旗帜上写得清清楚楚，莫非是骗人的？"那老者道："年轻人，口气不小啊，是谁让你到这里来的？"庄周这才把在李家湾客栈的事儿说了出来："是李家湾客栈的店主李半仙让我来求拜的。他告诉我，只要我说他的名字，长老肯定会答应的。"那老者道："原来如此，请进屋里说话。"

于是，庄周便随老者进了屋，老者让了座，便道："客人，把行李放下吧，请坐！"庄周放下行李坐了下来，那老者道："请问客人姓名。"庄周道："晚辈姓庄，名周，一十八岁，尚无妻室，只想投师学道。"那老者道："你年纪轻轻，为何不走仕途，偏要学道呢？"庄周道："不瞒您老说，我们庄家原本也是王亲贵族，自爷爷一辈始，便被从公族里疏远了。流配到濮地，在那里垦荒已三代了。世态炎凉，让我心有余悸。爷爷告诉我，终身都不要做官，要努力做学问才是正道；再则，我对道很感兴趣。《道德经》五千言，甚是奥妙无穷，很想学，又苦于无门，所以，就经人介绍，前来拜师，莫非你老就是……"那老者道："我就是人们所说的李老仙。如今天下大论，民不聊生，天下无道，屠戮生灵，为普救众生，我在这里，一来开店营生，二来传道于天下，三来周济天下难民。"庄周道："老人家真是'至人'，能以天下为己任，可亲可敬啊！大人在上，请受小的一拜。"说着庄周便扑通一声跪下了。那李老仙道："客人请起，客人请起。学道之人，不可这样。你没看店旗上的字写得清清楚楚：'行道之人皆是缘'嘛！你要真想学道，我们就是一家人了。"庄周道："多谢您老恩典，请您给我传道吧，我洗耳恭听！"

李老仙道："庄先生，你要知道，'道'是很难用口说清楚的，我也只能给你说个大概。无名，天地之始；有名，万物之母。故常无欲以观其妙，常有欲以观其徼。此两者同出而异名。同谓之玄，玄之又玄，众妙之门。是故善人者，不善人之师；不善人者，善人之资。不贵其师。不爱其资。虽智大迷，

是谓要妙。又，以道佐人主者，不以兵强天下；如若不然，大军之后，必有凶年。大道兮，其可左右万物，以生而不辞。功成而不有，爱养万物而不为生。常无欲，可名于小。万物归焉而不为主，可名为大。是以圣人终为大，故能成其大。道常无为而无不为，候王若能守，万物将自化。化而欲作，吾将至真之以无名之朴。无名之朴，亦将不欲。不欲以静，天下将自定。"

庄周听得如痴如醉，大有醍醐灌顶之势。当李老仙把话停下来，庄周道："李老所言极妙，请问道与德的关系如何呢？"李老仙道："道就是指存在于宇宙之间的规律，'德'是'道'的属性，即德是指人们按照'道'的要求而固守的本性。道和德既有区别，又密不可分。'德'又有上下之分，'上德'是合乎'道'的行为，'下德'是违背道的行为。换句话说就是：'德'是'道'在人世间的体现，'道'是指自然规律，而'德'是人类按客观规律办事。大道为一，一之精通，天下无敌。天得一以清，地得一以宁，神得一以灵，谷得一以盈，万物得一以一生，候王得一以为天下正。此谓之'上德'。而如今，道丧世矣，世丧道矣。道之不存，德之不修，此圣所以悲也。"

庄周又道："李老，学道应先从哪里入手呢？请赐教。"李老仙道："欲学道，须先修身。修之以身，其德乃真，修之以家，其德乃余；修之于乡，其德乃长；修之于国，其德乃丰；修之于天下，其德乃普。"

庄周又道："修道当如何为之"？李老仙道："偱道而不二，谓之德修也；久而偱道，谓之德积也；重积德，则无不克也无不克，则莫知其极；莫知其极，可以有国；有国之母，可以长久。"庄周不停地询问求教，李老仙不厌其烦地作以解答，真是天地间少有的圣事。庄周在李老仙一连住上了五年半，庄周在此一边学道，一边帮助李老仙干点杂活，待第六年春天离开的时候，庄周已是大道蕴胸，满腹经纶，苦县一带小有名气。

庄周离开家七年多了，他打算回家看看，李老仙便送行边说："庄周啊，你悟性超人，修道已成，老夫老了，你已青出于蓝，我希望你要致力于道的研究，做一个真正的"道"的传人。"庄周道："老人家请留步，回家看看，我还到你这来学习，我一定不辜负您老的厚望！"李老仙道："有你这句话，老夫就放心了，道家后继有人了，我死也瞑目了！恕不远送！"

庄周此刻热泪盈眶，他一边向老人挥手，一边离开了客栈。初升的太阳，照在庄周的身上，他显得越发英俊潇洒了，庄周一边走，一边想着他在李老仙客栈度过的七个春秋，在这里，他不仅学到了"大道"，并懂得了如何运用大道。在这里，多少次，他和李老仙一道观察自然天象，一块讨论天文、地理、自然、人类，真是受益匪浅。现在，他要满载而归了，他怎能不喜出望外呢？

高兴之余，他突然想起六年前在李家湾李半仙客栈的情景。李半仙有个孙女，知书达理，貌若天仙，李半仙有意要把孙女玉儿嫁给自己。我庄周若是能有这门亲事，真是一举两得，何乐而不为呢？想到这，庄周不觉加快了脚步。

到了第三天傍晚时分，庄周又回到了李家湾客栈。此时，只见玉儿正愁眉不展地站在客站门口，看着来来往往的行人。当他看到庄周时，相似看到了救星一样，大声道："庄周哥，你可回来了，我爷爷可想你了，特别是近日，她身体不太好，天天都在念叨你！"

庄周道："玉儿，我也想你呀。客栈出什么事了？"玉儿道："没有什么事，就是我爷爷的身体生病了！"

"老人家病了？快！带我去看看老人家！"玉儿带着庄周进屋来到了李半仙的床前，庄周道："李老，你怎么了？我是庄周呀！"李半仙这才慢慢地睁开眼，轻声说道："庄周啊，你可回来了，我是不行了，我实想见不到你了。我最放心不下的是孙女玉儿，你回来了，我就放心啦。从现在天起，我就把玉儿交给你。玉儿是个好姑娘，你要好好地照顾她。我没有什么东西陪送她，就把这客栈交给她，作为嫁妆。以后，你们俩就好好地过日子，用心经营这个客栈，若是能这样，我死也瞑目了。"

庄周道："爷爷，你会没事的，我给你请郎中，我一定把你的病治好！"

李半仙道："孩子，不用了，我知道我的病，修道的人，对于死无所谓，顺其自然，有何惧哉？我死了，你们也不必太难过了，我来自大自然，又回归大自然，这是规律，谁也无法抗拒。只是你们，要好好地活着，要好好地过日子。"

庄周听着老人的话，心里如刀绞一般难受，只见老人说着说着嘴一点也不动了。庄周和玉儿一齐喊："爷爷！爷爷！你不能走啊！"可是无论怎样，李

半仙再也醒不过来了。

从此，庄子便娶了李玉儿，他们相敬如宾，开始了新的人生旅途。

第三节　庄周开店

庄周和玉儿结为夫妻后，他们以经营客栈为生。一天晚上，客栈里的事忙完后，庄周与玉儿闲谈起来，庄周道："玉儿，爷爷在的时候，是怎样经营客栈的？"

玉儿道："爷爷是习道之人，当然是无为而治了。"

"无为而治？你也懂得无为而治？"庄周急忙问道。

玉儿道："也是跟爷爷学的，我爹娘死得早，多亏爷爷照顾我。他常给我讲'道'方面的问题：什么'人法地，地法天，天法道，道法自然'；什么道生一，一生二、二生三，三生万物"等等，多着呢！"

庄周惊呆似地看着玉儿，他心里在想：我的妻子也懂得道。这下可好啦。我们能在一块讨论'道'了。于是庄周试探道："玉儿，按照道的要求，我们以后该怎样经营客栈呢？"

玉儿道："我认为，应遵循两点，其一是善待众人；其二是因人而异。"

庄周道："何谓因人而异？"
玉儿道："见了有钱人，就多收一点钱，遇见贫穷的就少收一点钱，若是真的没钱，亦可不收钱。"

经营客栈

庄周又道:"你怎么知道谁有钱,谁没钱呢?"玉儿道:"怎么能不知道?啥人啥打扮嘛!"庄周又道:"这是爷爷生前的办法吗?"玉儿道:"是的。"庄周道:"我看不如这样,我们在客栈大门上挂一个旗帜,上面写上这样的字:'愿学道者,请来客栈;学道消灾,为君解难。'"玉儿道:"为什么要写这些字样?"庄周道:"这是因为,我要把客栈变成传道的场所。愿学的只要心诚,都可以成为朋友,说不定这样来,我们的生意会红火起来。"玉儿一听,便道:"好主意,就这么办!"

第二天,他们就制了面旗帜,挂在了客栈的大门上面。挂上的当天,就有不少人投宿习道,生意很快兴隆起来。不久,与庄周交朋友的人多了。第一个朋友叫南郭子。这南郭子很勤快,自从作了庄周的朋友弟便在客栈居住下来,每天除跟庄子学道之外,还要帮店里干些杂活。有时,庄周忙不过来时,南郭子也能给前来求教的人讲讲"道",这样来,客栈的生意越来越红火;尤其是庄周的名气也越来越大了,真可以说名震遐迩,方圆几百里无人不知,无人不晓。此时的庄周,算得上是功成名就了。

庄周离家已有十余年了,这些年,他一心学道,吃了不少苦,受了不少累,对人间的世态炎凉颇有感触,使他欣慰的是,在这些年里,他完成了两件大事:一是在若县李老仙处学到了道的真传;其二是在李半仙处,认识了玉儿,使自己找到了一个称心如意的妻子;之外还有两件让他高兴的事:其一是他与玉儿结婚的第三年生了一个儿子(庄圆),自从小宝宝来到人间,给客栈给庄周一家人带来了无限的欢乐;其二是他由学生当上了传道生,有了自己的朋友。这时的庄子已进"而立"之年。

一天晚上,待到客栈的活都安排停当,南郭子问庄周道:"贤兄,这里离你的老家多远,家里还有什么人?你都出来这么长时间了,该回家看看啦。"玉儿也说:"是该回家看看拉。父母年龄大了,需要有人照顾。"庄周道:"真的该回去看看了,庄圆都五岁了,还没见过他爷爷奶奶呢!只是我们走后客栈就得关门,这如何是好啊?"蔺且看出了庄周的心事,便道:"贤兄,你和嫂嫂带着孩子回家吧,客栈里我看着,您看如何?"庄周道:"南郭子呀,真是有劳你了,你一定要小心才是啊!"蔺且道:"请师父放心,客栈是咱们

的生活来源，我一定要看好！"

第二天一早，庄周带着妻子和孩子，踏上了回家的路……

第四节　漆园名吏

由于庄周的名声很大，李家湾客栈成了远近闻名的客栈，不必说平民百姓，就是达官显贵也到这里来。有的是想听听庄周讲道；有的是想让庄周出出主意，还有的是想让庄周去他那里做官。

却说庄周离开客栈回老家的第二天，有个地方官想见庄周，当他得知庄周已不在李家湾客栈了，便忙备车马去到庄周的老家蒙泽村去找。当他赶到蒙泽村时，庄周家里已挤满了人，像是看戏似的。说实在的，庄周回来的这几天，家里天天有很多人求见，其中地方官也不少，那个苦县的地方官，见势便回去了。

魏国的宰相惠施是庄子的好朋友，他很佩服庄子的才能。位于宋魏之间有个漆园，园里的树常遭人破坏，换了几任官，仍然管理不住，他想着让庄周去任漆园吏，还不知庄周愿不愿意干，便亲自向庄周说明来由。庄周道："谢谢老同学美意，待我与家人商量后再定。"

送走惠施，庄周等回到家里，拉起话茬。全家人一块商量丞相安排的事，庄周是上任漆园吏呢，还是不就任呢？家里的意见不一样。庄周的父母认为应该上任，庄母说："孩子，你有这么高的学问做官还是正道。"庄妻则说："娘，我们在李家湾生意做得好好的，做那个漆园吏有什么好？我看还是别去了，再说孩子还小，他去了，家里怎么办？"父亲庄商也同意让庄周上任，并希望庄周能从此振兴庄氏家族，光宗耀祖。

对此，庄周一时拿不定主意。他忽然想起在李老仙那里学道的情景，李老仙曾对庄周寄予厚望，希望庄周能成大器，拯救万民于水火，要干一番轰轰烈烈的大事业。道家虽讲无为而治，但又说无为而无不为，再说这也是实践无为而治的最好尝试。想到这里，他对妻子说："玉儿我还是去吧！明天就回去把客栈暂时找人经营，如果漆园吏不干了，还去经营我们的客栈，你看行吗？"玉儿道："我看就按你想的办吧！"

漆园名吏

第二天，庄周便去李家湾客栈找南郭子做转接手续。之后便与南郭子一道回来了。一路上，他们师徒二人边赶路边谈心。南郭子道："先生管理漆园要比管理客栈难得多呀。"庄周道："要是管，真是难管，要是不管，顺其自然，又该如何呢？"

南郭子道："那你就上任吧，我陪你去护园，正好和你实践无为而治。这下不是很好吗？"庄周道："是啊，无为而治最主要是要有地点实践，我以无为而治的方法经营客栈，已初见成效，在管理漆园时，也实行无为而治，兴许会效果更明显点儿。"

庄周回到家里，恰好惠施正在家里等候。见庄周回来了，便道："老同学，都想好了吗、要是想好了，明天就和原来的漆园吏做一个交接手续，你就是正式上任漆园吏，你看怎么样？"

庄周道："好吧，我明天就上任！"

庄周上任的第一天，所做的第一件事，就是查看漆树被砍伐的情况。通过观察，他发现凡是被砍的漆树，大多是原来茂盛，出漆多的。这一发现，使庄周开始了对人心的分析，众人皆知，有用之用，而不只无用之用，"无用之用"观点的提出为其后来创作《山木》一文奠定了基础。

庄周所做的第二件事，就是传道，即把漆园当作传道的场所，他认为，人们之所以砍漆树，偷漆，就是因为他们只知"有用之用"而不知"无用之用"，而"无用之用"则为大用，这是道家的重要思想之一，只有通过传道，转变世人的思想，才能管理好漆园。

于是，庄周把所有看守漆园的人都集中起来，发表自己对问题的看法。然后要求大家，都提高警惕，要注意抓获砍树之人。抓到后都交给庄周处理。

一天，一个偷漆的人，果真被看园的人抓住了，送到了庄周面前，庄周道："你为什么要偷漆呢？"那人道："大人，我家实在生活不下去了，想用漆换几个钱。我这可是第一次呀！"庄周道："你还想偷第二次吗？"那人道："小人再也不敢了。"庄周道："那你怎么生活呀？"那人不说话了。庄周又道："如果有饭吃，你还偷吗？"那人道："有饭吃谁干这事啊！"庄周道："那好，只要能改邪归正，我可以让你有饭吃，但有一条，你要常来我这儿学道，听我的话，保你有饭吃！"那人道："庄大人，你真是神仙下凡了，你救了我们全家人的性命，我一定全听你的，我敢保证，不仅我来学道，我还要带更多的人向先生学习。"于是，庄周让手下人给那人一些钱，让他走了。

偷漆人走后，南郭子说道："老师，就你开店挣的这点钱，能救济多少人。天下没饭吃的人多着呢？"庄周道："不要看不起他，他也是一条命啊，再说他也是没办法才出此下策，要记住人是平等的。"南郭子道："是我多嘴了"庄周道："你的意思我懂。对今天这个偷漆的，本应该惩罚，可是他全家都没饭吃了，我要是把他抓起来，他的家人怎么办？记住抓人不是目的，使人改邪归正才是目的，我庄周做这个漆园吏，也不是什么大官，能使人改邪归正，就算我有办法。"南郭子道："所言极是，人治比法治好。"

却说那个偷漆的带着庄周给的钱回到了家里。妻子见他空手而归，忙道："你怎么空手而归呢？"那人道："甭提了，管漆园的官换了，如今是庄周庄大人任漆园吏了，庄大人可是个好人啊。他治园有方，心地善良，让我佩服得五体投地，逮住我偷漆，他不仅不罚我，还给我钱，他真是我家的救命恩人呢！"一听这话全家人欢聚一堂，妻子更是眉飞色舞，大声道："我家有救了，我家有救了！"稍停一会儿，妻子又道："他爹，我们有机会一定要去谢谢庄先生！"那人道："那是当然！不仅我们全家要谢他，而且我还要向他学道。"妻子道："你说什么？学道？什么是道？"那人道："我也说不清楚，反正是教人学好，能让人改邪归正。我听说，庄先生是大师，向他学道的人很多。"妻子道:"你去学呗,反正我们有吃的了。我支持你!""好!有你这句话,我就放心了,不仅我要学道。而且我还要组织更多的人学道。以后谁要是再偷漆。破坏漆园,甭说让庄先生逮住了,就是我见了也饶不了他!"说罢,他出去买吃的去了……

再说庄周上任以来的这些天,漆园里情况较前有很大好转,惠施很满意,但不知庄周用的是什么办法。这一天,惠施闲来无事,想到漆园查看查看,但事先没给庄周打招呼。也没带随从。当他悄悄地来到漆园。便发现园境特别静,再仔细看看,则发现一个人在不停地巡逻。到别的地方一看,也发现了同样的现象。但让惠施奇怪的是,怎么也见不到庄周的面儿。于是,惠施便走到一个巡逻者的跟前问道:"你是看守漆园的吧,怎么不见庄先生呢?"那人道:"庄先生忙着呢?"惠施道:"漆园吏不看漆园,忙什么呢?"那人道:"你这个人怎么这样说话?我们庄大人忙的都是正事,都是对漆园有益的事"。惠施道:"是吗?你说说庄先生是怎样管理漆园的?"那人道:"庄先生见了偷漆砍树的,从不打骂他们,而且是化他们。搞人性化管理;不仅如此,他还向人们灌输道家思想,主张无为而治,听了他的教诲,谁也不想再行偷盗之事。所以,我们的漆园才被管理得这么好。"

惠施道:"你能带我去见见庄先生吗?"那人道:"当然可以,请跟我来!"那人带着惠施向漆园深处走去。在一棵大漆树下见到了庄周。惠施示意带路人不要告诉庄周,他是想亲眼看看庄周是怎样管理漆园的,只听庄周讲道:"道是无处不有,无物不有,无人不有。就说我们这方漆园吧,每棵树里都有道。它们的发芽、长叶、长漆都是道的表现;我们在座的每个人身上也都有道,我们从出生,到长大,到变老,到死亡,也都是道的表现,再则物道与人道又是相互作用的,譬如:"漆树可供我们乘凉,供我们用漆,我们若能保护好漆树。漆树就可以快乐地成长了,就会枝繁叶茂,就能产更多的漆;如果我们去砍树,去偷漆,就违背了树道,树就长不好,对我们也是没好处的;再说我们人与人之间,也有不同的道:有的人是保护漆树,有的人是破坏漆树,前者是行正道,后者则是行邪道。但要记住,只有正道才是真正的道。我们做人就应该行正道!我庄周任漆园吏以来,行正道的人越来越多了,正因为这

样，才使得我们的漆树长得如此茂盛，真是多谢诸位了！"

惠施被庄周的一番话打动了，他第一个高声叫好："讲得好，讲得好呀！"庄周一听，是惠施大人的声音，忙站起来说："老同学，你怎么来啦？"惠施道："怎么，我就不能来呀？讲得不错呀！"

这时，那个曾偷过漆的也在，知是魏国宰相来了，这可是个宣传庄周的好机会。于是，他走到惠施跟前抢着说："宰相大人，庄先生不仅是道学大师，还是个大善人呢！你看，我们这些穷人哪一个不是因庄先生的照顾才活下来，他学问大，心眼好，治园有方，是个好官呀！""是呀，庄先生是好官"。大家你一言，我一语地夸个不停。惠施道："有你们这么一说，我一定要重赏庄先生！"

第五节　智谈葫芦

庄子与惠施是文友，但是，他们走的道路不同，即惠施走仕途，庄子不走仕途。所以，虽说是朋友，他们却常常为一个问题争得面红耳赤，各不相让。他们所谈的又多是极深的哲学问题，颇能给人以启迪。

一天，惠施对庄子说："魏王送我大葫芦种子，我将它培植起来后，结出的果实有五石容积。用大葫芦去盛水浆，可是它的坚固程度承受不了水的压力。把它剖开做瓢也太大了。没有什么地方可以放得下。这个葫芦不是不大呀，我因为它没有什么用处而砸烂了它。"

庄子说："先生实在是不善于使用大东西呀！我听说宋国有个世代以漂流丝絮为业的人家，有个调制不皲手药物秘方。有个游客听说了这件事，愿意用百金的高价收买他的秘方。为此这家主人召集全家人商此事：'我们世世代代在河水里漂洗丝絮，所得不过数金，如今一下子就可卖得百金。还是把药方给他吧！'那游客得到药方，来游说吴王。正巧越国发难，吴王派他统领部队，冬天跟他在水上作战，大败越军。吴王割土地犒赏他。能使手不皲裂药方是一样的，有的人用它来获得封赏，有的人只能靠它在水中漂洗丝絮，这是使用的方法不同。如今你有百石容积的大葫芦，怎么不考虑用它来

制成腰舟，而浮游于江湖之上，却担忧葫芦太大无处可用。看来先生你还是心窍不通啊！"

惠施原认为自己是够聪明的了，自己想不出办法的事，别人也不可能想出来，没想到庄子竟能解决此问题，不觉顿生敬意，急忙道："庄兄说得极是，我砸烂了葫芦是错误的。以后，我再有难处，请庄兄给我想办法。多谢了！"

智论葫芦

第六节　庄惠谈树

惠施有一棵大树，想把它处理掉卖给识货的人。但是这棵树疙里疙瘩，树枝弯弯扭扭，虽是长在路旁，却无人光顾，就是木匠从树旁路过，连看都不看一眼。这使惠施很纳闷。无奈，他准备请庄子给想一个办法。

于是，他找到了庄子，把他那棵树的情况诉说一遍。庄子作为哲学家，总是这样，给别人想办法的时候，从不直接说出该怎么还是不该怎么，他总是运用生动的比喻，让对方悟出办法来。这次也不例外。针对惠施提出的问题，庄子说道："先生，你没看见过野猫和黄鼠狼吗？低着身子匍匐于地，等待那些出洞觅食或游乐的小动物。一会儿东，一会儿西，跳来跳去；一会儿高，一会儿低，上下穿跃，不曾想到落入猎人设下的机关，死于猎网之中。再有那牦牛，庞大的身体就像天边的云，它的本事可大了，不过不能捕捉老鼠。如今，你有这么大一棵树，却担忧它没有什么用处，怎么不把它栽在什么也不成长的

地方，栽种到无边无垠的田野里，悠然自得地徘徊于树的旁边，悠然自在地躺卧于树下。大树不会遭到刀斧的砍伐，也没有什么东西去伤害它，虽然没有派上什么用场，哪里又会有什么痛苦呢？"

惠施听到这里，觉得其中有道理，回去之后，他便按照庄子的建议做事，果真受益匪浅。

庄惠谈树

第七节　巧对骷髅

庄子在去楚国的途中，见到一个骷髅。说也真怪，那骷髅见到庄子，突然露出了原形。

庄子十分诧异，便用马鞭从侧旁敲了敲，然后问道："骷髅先生，你是贪求生命，失却真理，因而成了这样呢？或是你遇上了亡国的大事，遭受到刀斧的砍杀，因而成了这样呢？或是有了不好的行为，担心给父母、妻子儿女留下耻辱，羞愧而死成了这样呢？或是你遭受寒冷与饥饿的灾祸而成了这样呢？或是你享尽天年而死去成了这样呢？"庄子问了这么多问题，那骷髅一个也没有回答，又恢复成了骷髅。

庄子不想放弃与骷髅对话的机会，想给骷髅时间，等待它的回话。于是，庄子拿过骷髅，把它当作枕头枕着睡去。睡至半夜，骷髅给庄子显梦说："你

巧对骷髅

先前谈话的情况真像一个善于辩论的人。听你所说的那些话，全居于活人的拘累，人死了就没有上述的忧患了。你愿意听听人死后的有关情况和道理吗？"庄子说："好。"骷髅说："人一旦死了，在上没有国君的统治，在下没有官吏的管辖，也没有四季的操劳。从容安逸地把天地的长久看作是时令的流逝，即使南面为王的快乐，也不可能超过。"

庄子不相信，说道："我让主管生命的神来恢复你的形体，为你重新长出骨肉肌肤，返回到你的父母、妻子儿女左右和邻里朋友故交中去，你希望这样吗？"那骷髅皱眉蹙额，深感忧虑地说："我怎么能抛弃永世的快乐而再次经历人世的劳苦呢？"

第八节　智斗公孙龙

公孙龙自认为知识很渊博，想与庄子比比高低。当他找到庄子说明来意时，庄子道："那你想谈哪方面的问题？"

那公孙龙道："当然是想谈谈'道'了。"

庄子道："你错了，'道'怎么谈呢？能够谈出来的道就不是至高无上的道。难道你不懂得道之始祖老聃的话吗？'道可道，非常道。名可名，非常名'。我们没什么好谈的。"

公孙龙一开始就不利，很不服气，又与庄子较量了几个回合，公孙龙始终不能胜庄子；不仅如此，直让公孙公哑口无言，极没趣地离开了庄子。

从庄子那里回去后，他把与庄子谈话的情况告诉给魏牟。公孙龙说："我年少的时候学习古代圣王的主张，长大以后懂得了仁义的行为；能够把事物的不同与相同合而为一，把一个物体的质地坚硬与颜色清白分离开来；能够把不对说成是对的，把不应该认可的看作是合宜的；能够使百家智士困惑不解，能够使众众善辩之口理屈词穷，我自以为是最为通达的人。如今我听了庄子的言谈，感到十分茫然。不知是我的论辩比不上他呢，还是我的知识不如他呢？现在我已经没有办法开口了，冒昧地向你请教其中的道理。"

听罢此言，魏牟先是靠着几案深深地叹了一口气，然后，仰头朝天大笑。公孙龙不知其中之意，问道："先生，你这是笑什么？"说着，魏牟又是一阵大笑，然后道："你不曾听说过那浅井里的青蛙吗？井蛙对东海里的鳖说：'我实在快乐呀！我跳跃玩耍于井口栏杆上，进到井里便在井壁砖块破坏处休息。跳入水井中水浸入腋下并且托起我的下巴，踏入泥里水里能盖住脚背，回过头来看看水中的

智斗公孙龙

那些赤虫、水鳖，没有谁能像我这样的快乐！再说我独占一井，这也是极其称心如意的呀！你怎么不随时来井里看看呢？'东海之鳖左脚还未能跨入浅井，右膝就已经被绊住了，迟疑了一阵子之后又把腿退了出来。东海之鳖把大海的情况告诉给浅井的青蛙说：'千里的遥远，不足以称其为大；千仞的高旷，不足以探究它的深，夏禹时代十年里有九年水涝，而海水不会因此增多；商汤的时代，八年里有七年大旱，而岸边的水位不会因此而下降。不因为时间的长久与短暂而有所变化，不因为雨量的多少而有所增减，这就是东海最大的快乐！'浅井之蛙听了这番话，惊惶不安，茫然不知所措。再说你公孙龙的才智，还不足以知晓是非的境界，还想去洞悉庄子的言谈，这就像驱使蚊虫去背负大山，驱使马匹到河里去奔跑，必定是不胜任的。而你的才智不足以通晓极其玄妙的言论，意想自去迎合那些一时的胜利，这不就是像浅井里的青蛙吗？况且，庄子的思想主张衡极黄泉、登临苍天，深幽沉寂，不可探测；起于幽深言妙之境，返归广阔通达之域。你竟拘泥浅陋地用视察的办法去探寻它的奥妙，用论辩的言辞去索求他的真谛，这只不过是用个竹管去窥视高远的苍天，用锥子去测量浑厚的大地，不是太渺小了吗？你还是走吧！而且你也不曾听说过那燕国寿陵的小子到赵国的邯郸去学习走路的事吗？未曾学会赵国的本事又丢掉了他原来的本领，最后只得爬着回去了。现在你还不尽快地离开我这里，不然，必将忘掉你原来的本领，而且也必将失去你原有的学业。"

公孙龙听了这一番话，大张嘴而不能合拢，舌头高高抬起而不能放下，于是，悻悻地逃走了。

第九节　诋言辞相

庄子的才能早已为天下人所知，只是庄子一心追求大道，不愿与帝王将相相同流合污，极力保持自身的高洁。所以，很少有帝王能用他。

南方楚国的国王听说了北方宋国的庄子名声很大，才华横溢。当时的楚

河南民权

王刚即位不久，雄心勃勃，想干一番大事业，但手下缺少真正有能耐的帮手。于是，他准备用高薪把庄子聘为宰相，实现楚国的振兴。

于是，楚王便派出使者，带着重金，从楚国都城郢出发，直往北方黄河岸边的宋国。使者一路马不停蹄，日夜兼程，到达宋国时，已是七天之后的事了。经人介绍，找到了庄子的家。当时，庄子已辞去了漆国吏，过的是隐居生活。所以，在庄子家并没有见到庄子。据庄子的家人讲，庄子去钓鱼了。

于是，楚国使者又带着重礼来到河边见庄子，谦恭地前去致意。并说道："庄大人，我们是楚国的使者，楚王听说大人才华横溢，治国有方，想请你到楚国去任职，大王愿把国内政务委托给你，真是有劳你了！"

没想到，庄子手持钓竿，头也不回地说："我听说楚国有一神龟，已经死了三千年了，楚王用竹箱装着它，用巾饰覆盖着它，珍藏在宗庙里。请问使者大人，这只神龟是宁愿死去为了留下骨骸而显示尊贵呢，还是宁愿活着在泥水里拖着尾巴呢？"

两位使者说道："当然是愿意拖着尾巴活在泥水里。"

庄子然后以坚定的语气说道："说得好！你们还是回去吧，我仍将拖着尾巴生活在泥水里。"

诙言辞相

第四章　庄子传说　百代常新

第十节　鼓盆奠妻

庄子的妻子死了，惠施前去吊唁。当他来到庄子的家里，却发现庄子正在分开双腿像簸箕一样坐着，一边敲打着瓦缶一边唱歌："我的爱妻命归西，阴阳二气复分离。哪年若再阴阳合，还要与她配夫妻。"

看着庄子边敲边唱的样子，惠施很不理解。走到庄子面前说道："老兄啊，你是不是糊涂了？你想想，你跟死去的爱妻生活了一辈子。生儿育女直到衰老而死，多不容易啊！她不在了，你不伤心哭泣也就算了，何故又敲着缶唱起歌来，这是不是有点太过分了？"

惠施的发问，勾起了庄子对往事的回忆：妻子跟我生活了这么多年，我庄周一生贫寒，没能给她带来多少幸福；倒是跟着自己粗茶淡饭几十年，风风雨雨，坎坎坷坷，多少个寒冬炎夏，妻子为自己，为这个家含辛茹苦，与自己寸步不离；隐居南华期间，她更是朝夕相伴，陪着自己度过了一个又一个寂寞的春秋。南华的鸟群，留下他们多少美好的回忆；她身体虽然不佳，但仍然时常照顾着自己，她为我付出的太多太多啦。如今，她先我而去了，我应该痛哭才对呀！"

鼓盆奠妻

庄子想到此，忽然神思一转，又想到另外一层，便对惠施说："贤弟，你说的不对呀！这个人她初死之时，我怎么能不感慨伤心呢？然而，仔细考察她开始原本就不曾出生，不只是不曾出生，而且本来就不曾具有形体，不只是不曾具有形体，而且原本就不曾形成元气。类杂在恍恍惚惚的境域之中，变化而有了元气，元气变化而有了形体，形体变化而有了生命，如今变化又回到死亡，这就跟春夏秋冬四季运行一样。死亡的那个人将安安稳稳地寝卧在天地之间，而我却呜呜地围着她啼哭，自认为不能通晓于天常，所以也就停止哭泣。"

听了庄子的解释，惠施也不好再悲伤，只一般性地行了奠礼也就算了。惠施离开时，庄子出门相送。惠施劝庄子留步，并且说道："庄弟才是真正通晓大道的人。改日我再来拜，你留步吧！"

庄子目送惠施离开，而后复敲盆而歌，三日不绝……

第十一节　诲徒处世

有一天，庄子和他的弟子们在山中行走，突然发现前面路旁有一棵大树，枝叶十分繁茂。但人奇怪的是，伐木的人停留在树旁却不去动手砍伐。庄子便让他的弟子前去看看是怎么回事。那伐木的人说道："没有什么用。"弟子们将伐木人的话回报给庄子，庄子说："这棵树就是因为不成材而能够尽享天年啊！"

庄子师徒从那棵大树旁走了过去，对树没有再说什么。忽然有个弟子问道："先生，这山路还有多远啊，天都这个时候了，天黑前还能走出去吗？"

庄子道："恐怕今天夜里要在山中度过了。"另一个弟子说道："在山上过夜有什么，我正想在山上睡一夜，体会体会融入大山怀抱的滋味呢！"庄子道："说得好，这山很有灵气，在此住上一宿，保管你们都变聪明，都能悟出道的真谛。"

师徒们又边说边走了一个时辰，天已晚了，他们师徒将随身带着的露宿工具拿出来，在路旁的一棵大树下暂住下来。不一会儿，月亮爬上了山上的树梢，月光照在庄子师徒的脸上。庄子道："弟子们，坐起来吧，请尽情享受大自然带给我们的美好吧！"

说话间，弟子们不顾一天的劳累，都坐了起来。其中一个弟子问道："老师，我们年轻人还感到累呢，您这么大年纪为何不说累呢？怎么还有如此雅兴来欣赏这山上的美景呢？"

庄子笑道："这算什么？要知道心中装着道，就有用不完的劲儿。大道无边，威力无限，你们怎么都忘记了我往日给你们说过的道理了呢？"

弟子们齐声道："弟子没忘！弟子不敢！"

那一夜，他们师徒又谈了很多很多，把月亮都熬困了，不知何时入的梦乡……

却说第二天太阳上山的时候，庄子师生被太阳照醒了。他们起床后，都来到山脚下的水池里洗脸，真是一种享受。为了鼓励弟子们走路的勇气，庄子告诉弟子们："弟子们，赶快走吧，过了山，就是我朋友的家了。我们先到那儿吃点东西。"

大概已时便到了庄子朋友家里。朋友叫僮仆杀鹅款待。僮仆向主人道："一只能叫，一只不能叫，请问杀哪一只？"主人说："杀那只不能叫的。"

到了第二天，庄子师徒一行要离开他的朋友家，主人送了一程方才回去。主人回去后，庄子的弟子问童子："先生，前天遇见山中的大树，因为不成材而能尽享天年，而主人的鹅，因为不成材而被杀掉。像这两种情况，您作如何解释呢？"

庄子笑道："我将出于成材与不成材之间。不过，这好像合于大道却并非真正与大道相合，所以，这样不能充于拘束与劳累。假如能顺应自然而自由自在地游乐也就不是这样。没有赞誉没有诋毁，时而像龙一样腾飞，时而像蛇一样蛰伏，跟随时间的推移而变化，而不被外物所役使。那么，怎么会受到外物的拘束和劳累呢？这就是神农皇帝的处世原则。至于说到万物的真情，人类的传习，就不是这样的。有聚合也就有离析，有成功也就有毁败；棱角锐利就会受到挫折，尊重就会收到倾覆，有为就会收到亏损，贤能就会受到谋算，而无能也会收到欺侮，怎么可以一定要偏离滞于某一方面呢？可悲啊！可悲啊！弟子们请记住，恐怕还只有归顺自然吧！"

弟子们齐声道："谨遵师傅教诲，请恩师放心！"

第十二节　智应魏王

老子虽然才华横溢，名扬天下，但物质生活一直很贫穷。有一次，庄子应邀去见魏王。庄子身穿粗布衣并打着补丁，麻丝系的鞋子。魏王一见庄子的打扮，便有三分瞧不起的样子，带有轻蔑的语气道："先生为何如此疲惫呢？"

庄子很严肃地说："我这是贫穷，不是疲惫。士人身怀道德而不能够推行，这是疲惫；衣服坏了，鞋子破了，这是贫穷，而不是疲惫。这种情况就是所谓的生不逢时。"

说到这里，庄子看了看魏王，然后不屑地问道："想必大王看到过那跳跃的猿猴吧？它们生活在楠、梓、豫、章等高大的树林里，抓住藤蔓似的小树枝自由自在地跳跃而称王称霸。即使后羿和逢蒙也不敢小视它们。等到生活在柘、棘、枳、枸等刺蓬灌木丛中，小心翼翼地行走而且不时地左顾右盼，内心震颤发抖；这并不是筋骨紧缩有了变化不再灵活，而是所处的生活环境很不方便，不能充分施展才能。"

庄子越说越激动，不给魏王说话的时间，连珠炮式地把压在心中的苦恼都说了出来。最后加重语气地说："如今处于昏君乱臣的时代，要想不疲惫怎么可能呢？"

魏王听着，气得脸色都变了，双目露出凶光，大声道："你说为王我是昏君？今天，便要给我把话说清楚，说得有道理就放你一条生路，说的没有道理，就是死路一条！"

庄子一听此言，仰天大笑起来，随即把脸色一变，愤愤地说："说得好！魏国已死了那么多人了，大王都不吝惜，再死一个庄周，又何足惜？我一直在想，一个靠牺牲本国百姓维护自己政权的国君还算人吗？一个靠武力征服别国的国君难道不是个笨蛋吗？一个不能推行无为的国君不是太残暴了吗？人的秉性得不到彰显的国家不是太黑暗了吗？"

说罢，庄周拂袖而去，魏王想派人拦住庄周，却气得没能张开口，眼睁睁地看着庄子离开了……

第十三节　栗园顿悟

　　有一天，庄子在雕陵栗园里游玩。突然发现一只奇异的怪鹊从南方飞来，那鹊的翅膀宽达七尺，眼睛大若一寸。从庄子的头顶飞过，并砸着了庄子的额头，然后停留在果树林里。

　　庄子很奇怪，自言自语道："这是什么鸟啊？翅膀大却飞不远，眼睛大视力却不敏锐。"想到这里，庄周便提起衣裳，快步上前，操起了弹弓静静地等待着时机。

　　这时，庄周又突然发现一只蝉正在浓密的树荫里美美地休息而忘记了自身的安危，有只螳螂用树叶作隐蔽打算见机扑上去捉蝉，螳螂眼看即得手而忘掉了自己形体的存在；那只怪鹊紧随螳螂身后，认为那是绝好的时机。庄子被这奇观吸引了，使他陷入了深深的思考之中，越想越感到可怕。庄子自己警策自己说道："啊，世上的物类原来是这样相互牵累、相互争夺的，两种物类之间也总是以利相招引！"

　　想到这里，庄子扔掉了弹弓，转身快步而去，看守栗园的人哪里知道这其

栗园顿悟

中的奥妙，直在后面追着问。

庄子返回家中，整整三天心情很不好。弟子蔺且一旁问道："先生为什么这几天来一直很不高兴呢？"

庄子便谈起了自己几天来闷闷不乐的原因："我留意外物的形体，却忘记了自己的安危，观赏于混浊的草木却迷惑于清澈的水潭。而且老子曾经说过，每到一个地方，就要遵从那里的习惯与禁忌。如今我来到雕陵栗园便忘却了自身的安危，怪鹊碰上了我的额头，管栗园的人不理解我，因此我感到很不愉快。"

蔺且道："先生不必烦恼，看园的人他哪里能晓得先生的内心世界啊！圣人怎么可以生小人的气啊！"

庄子道："是啊！不气了。但要记住，人可不能为贪眼前利益而不顾自身安危呀！"

蔺且道："先生所言即是，弟子记住了！"

第十四节　低处论道

庄子对道有着极全面的理解，他认为，道存在于一切事物中，即物物有道，事事有道。

有一次，东郭子向庄子请教道："先生，人们所说的道，究竟存在于什么地方呢？"

庄子道："大道无所不在。"东郭子追问道："先生必定得指出存在的具体地方才行。"老子道："在蝼蚁之中。"东郭子又道："怎么处在这样低下卑微的地方呢？"庄子叹道："在稻田的稻草里。"东郭子不解地问："怎么越说越低下了呢？"庄子复道："在瓦块砖头中。"东郭子惊叫道："怎么更低下了呢？"庄子故意道："在大小便里。"至此，东郭子不再吭声了。

庄子看东郭子不再发问了，便慢慢地解答道："先生的提问，本来就没有触及道的本质。一个名叫获的管理事务的官，向屠夫询问猪的肥瘦而得知，蹋踩猪脚的部位，越是往下越能得知肥瘦的真实情况。所以你不要只是在某一个事物里寻找道，万物没有什么东西可以逃离它的，'至道'是这样，最伟

大的言论也是这样。万物、言论和大道遍及各个角落，它们名称各异而实质都是相同的。它们的意旨是归于同一的。让我们一道游历于什么也没有的地方，用混同合一的观点加以讨论，宇宙万物的变化是没有穷尽的啊！我们顺应变化无为而处吧！恬淡而又寂静啊！广泛而又清虚啊！调谐而又安闲啊！我的心里早已虚空宁寂，不知前往何处，也不知应该去哪里，离开以后随即归来，也从不知道遨游于虚旷的境域，大智的人跟大道交融相契而从不了解它们的终极。造就万物的道跟万物本身并无界域可分；而事物之间的界域就是所谓具体事物的差异；没有表面存在差异而实质并非有什么区别的事物。人们所说的盈满、空虚、衰退、减损，认为是盈满或空虚而并非真正是盈满或空虚，认为是衰退或减损的而并非真正是盈满或减损，认为是宗本或末节而非真正是宗本或末节。认为是积聚或离散的而非真正是积聚或离散。"南郭子终于得到了满意的答案，连连向庄子叩头致谢而去。

第十五节　庄惠谈和

面对儒、墨、杨、秉四家，各持一端、相争不下的局面，庄子与惠施发表了自己的看法。

师徒谈游

庄子说："郑缓、墨翟、杨朱、公孙龙四家跟先生你一道便是五家，到底谁是正确的呢？或者都像是周初的鲁遽那样吗？鲁遽的弟子说：'我学到了先生的学问，我能够在冬天里生火烧饭，在夏天制出冰块！鲁遽说：'这只不过搜用具有阳气的东西，不是我所谓的学问。我告诉给你我所主张的道理。"于是，当着大家调整琴弦，放一张瑟在堂上，放一张瑟在内室，弹奏那张瑟的角音而这张瑟的角音随之应和，调类相同的缘故啊！如果其中任何一根弦改了调，五个音不能和谐，弹奏起来，二十五根弦都发出震颤，然而却始终不会发出不同的声音，方才是音乐之王了。恐怕就是鲁遽那样的人吧？

庄惠谈和

惠施说："郑缓、墨翟、杨朱、公孙龙，他们正跟我一道辩论，互相间用言辞进行指责，相互间用声望压制对方，却从不曾认为自己是不正确的，那么，你看该怎么办呢？"

庄子说道："你们与其相互指责，多不相让，搞得天下大乱，倒不如同归于道，在大道面前寻到统一的正确标准。要知道，你们五家的各自标准都有所偏颇，要用其中的四家证明一家的正确或错误都是不可以的；只有在大道面前，反省自己的错误，才能达到消除争辩、去掉斗争，达到和谐之目的；如若不然，继续相持下去，只能把天下搞得更乱。"

谈到这里，庄子稍作停顿，又接着说道："我听说过这样一个故事：说的是齐国有个人为使自己的儿子留在宋国，命令守门人守住他而不让他有完整的身形返回来。他获得一只长颈的小钟唯恐破损包了又包，捆了又捆。他寻找远离家门的儿子却不曾出过郊野。这就像辩论的各家忘掉了跟自己相类似的情况！"

庄子舒缓了一口气，继续讲道："楚国有个人寄居别人家而怒责守门人，半夜无人时走出门来又跟船家打了起来，还不曾离开岸边就又结下了怨恨。"

惠施若有所悟地说："庄弟说的在理，各自依据自己的标准争来争去，没有什么意义；我们都应该在大道面前反省自己，在大道的规范中去掉争斗，解除怨恨，化敌为友，达到和谐相处，才是正道啊！我得赶快跟他们四家谈和去！我一定要把你的观点说给他们听！"

说着，惠施离开庄子，去与儒、墨、杨、秉四家讲和去了。

第十六节　庄惠言用

有一次，庄子与惠施在一块儿谈"有用"的问题。双方都有自己充足的理由，一时不相上下。

惠施对庄子说："你的言论没有用处。"庄子说："懂得没有用处方能够跟他谈论有用。大地不能不说既旷且大了，人所用的只是脚能踩踏的一小块罢了。既然如此，那么只留下脚踩踏的一小块，其余全都挖掉，一直挖到黄泉，大地对人类来说还有用吗？"

庄惠言用

惠子说："当然没有用。"庄子顺藤摸瓜道："如此说来，没有用处的用处也就显得特别重要了。"

惠子佩服地说道："庄弟说得对呀！"

第十七节　怀念惠施

惠施去世后的那些天，庄子一直忧闷不已。常常想起往日两人争辩问题的情景，惠施很多时候观点与庄子不一样，但庄子还是喜欢跟惠施交谈的，惠施毕竟知识很渊博又有雄辩之才，算得上庄子的理想对手。可惜的是自惠施去世后，庄子再也找不到可交流的对手了，这怎能不使庄子忧闷呢。

不久，庄子的又一个同辈好友去世了，庄子亲自为其送葬。在送葬途中，正路过惠施的墓地。庄子看到惠施的墓，不禁又勾起对惠施的回忆，不禁潸然泪下。而后，他擦了擦泪水，对随从的人说："郢地有个人被白泥涂抹了鼻尖，像蚊蝇的翅膀那样大小，让石匠用斧子砍削掉这一小白点。石匠挥动斧子呼呼作响，漫不经心地砍削去鼻尖上的白泥而鼻子却一点也没有受伤，郢地的人站在那里也若无其事不失常态。"宋元君知道了这件事，召见石匠说："你为我也这么试试！"石匠说："我确

怀念惠施

实曾经能够砍掉鼻尖上的小白点。不过，我可以搭配的伙伴已经死去很久了。自从惠施离开了人世，我没有可以匹敌的对手了！我没有可以与之论辩的人了！"说着，庄子的眼泪又来了……

第十八节　借粮显志

庄子虽然知识渊博，学识无与伦比，但家里很贫寒，甚至到了揭不开锅的地步。

有一次，庄子实在没东西下锅，无奈之下便向监河侯借粮。监河侯说："行，我即将收取封邑之地的税金，打算借给你三百金，你看怎么样？"

庄子一听，脸色聚变，愤愤地说："我昨天来的时候，有谁在半路上呼唤我。我回头看看路上车轮碾过的小土渍里，有条鲫鱼在那里挣扎。我问它：'鲫鱼，你干什么呢？'鲫鱼回答：'我是东海里水族的一员，你也许用斗升的水使我活下来吧！'我对它说：'行啊，我将到南方去游说吴王越王，引发长江之水来迎候你，可以吗？'鲫鱼变了脸色，生气地说：'我失去我经常生活的环境，没有安身之处。眼下我能得到斗升那样的水就能活下来了，而你竟能说出这样的话，还不如早点到

借粮显志

干鱼店里找我！'"

监河侯被说得面红耳赤，想给庄子作解释，哪知道庄子说完，便愤然离开了。

第十九节　论剑救国

赵国的文王喜好剑术，击剑的人蜂拥而至，门下食客多达三千余人。他们在赵文王面前日夜相互比试剑术，死伤的剑客每年都有百余人。尽管如此，赵文王仍得不到满足。这样，过了三年时间，国力日益衰退，各国诸侯却在谋算怎样攻夺赵国。对此，太子悝十分担忧，征求左右近侍说："谁能说服赵王停止比试剑术，赏赐千金。"左右近侍说："只有庄子能够担当此任。"

于是，太子悝便派人携带千金厚礼赠送给庄子。庄子拒不受礼，跟随使者一道前往会见太子道："太子有什么见教，赐给我千金的厚礼？"

太子说："听说先生通达贤明，谨此奉上千金，用以犒赏。先生不愿接受，我还有什么可说的！"庄子说："听说太子想要用我，意欲断绝赵王对剑术的爱好。假如我对上能说服赵王，违拗了赵王的心意，对下也未必能符合太子的心愿，那也就一定要遭受刑戮而死

论剑救国

去，我还哪里用得着这些见面礼呢？假如我对上能说服赵王，对下能符合太子的心愿，在赵国这片土地上我希望得到什么，难道还得不到？"

太子说："是这样。父王的心目中，只有击剑的人。"庄子说："好的，我也善于运用剑术。"

太子说："不过，父王所见到的击剑人，全都头发蓬乱，鬓毛突出，帽子低重，帽缨粗实，衣服紧身，瞪大眼睛，而且气喘语塞，大王竟喜欢见到这样打扮的人。如今先生穿儒服去见赵王，事情一定会糟糕！"

庄子道："请让我准备剑士的服装。"

三天之后，剑士的服装裁制完毕。庄子穿上剑服，面见太子，太子便带庄子一道拜见赵王，赵王解下佩剑等待庄子。

庄子不慌不忙地进入殿内，见到赵王也不行跪拜之礼。赵王说："你想用什么话来开导我，而且先生让太子作引荐。"

庄子道："我听说大王喜欢剑术，特地用剑术来参见大王。"赵王说："你的剑术怎样能御阻剑手，战胜对方呢？"

庄子道："击剑的要领是，有意地把弱点显露给对方，再用可乘之机引诱对方，然后向对方发起攻击，同时要抢先击中对手。希望有机会能试试我的剑法。"

赵王说："先生暂回馆舍休息等待通知，我安排好击剑比武的盛会后再请先生出面比武。"

说罢，赵王用七天时间让剑士们比武较量，死伤六十多人，从中挑选五六人，让他们拿着剑在殿堂下等候，这才召见庄子。

赵王说："今天可让剑士们跟先生比试剑术了。"庄子说："我的剑术长短都适应。不过，我有三剑，任凭大王选用，请让我先作些说明，然后再比武。"

赵王说："那好，就请你先介绍三种剑。"庄子说："一是天子之剑，二是诸侯之剑，三是百姓之剑。"

赵王急切地问道："天子之剑怎么样？"庄子道："天子之剑，拿燕国的石城山做剑尖，拿齐国的泰山做剑刃，拿晋国和卫国做剑脊，拿周王畿和宋国做剑环，拿韩国和魏国做剑柄；用中原以外的四境来包扎，用四季来围裹，用

渤海来缠绕，用恒心来做系带；靠五行来统驭，靠刑律和德教来论断；遵循阴阳的变化而进退，遵循春秋的时令而持延，遵循秋冬的到来而运行。这种剑，向前直刺一无阻挡，高高举起无物在上，按剑向下所向披靡，挥动起来旁若无物，向上割裂浮云，向下斩断地纪。这种剑一旦使用，可以匡正诸侯，使天下人全都归服。这就是天子之剑。"

赵文王听了茫然若失地说："诸侯之剑怎么样？"

庄子回禀："诸侯之剑，拿智慧之士做剑尖，拿清廉之士做剑刃，拿贤良之士做剑脊，拿忠诚圣明之士做剑环，拿豪侠之士做剑柄。这种剑，向前直刺也一无所阻，高高举起也无物在上，按剑向下也所向披靡，挥动起来也旁若无物；又效发于天而顺应于日月星辰，对下取法于地而顺应四时序列，居中则顺应民意而安定四方。这种剑一旦使用，就好像雷霆震撼四境之内。没有不归服而听从国君号令的。这就是诸侯剑。"

赵王又问道："百姓之剑又怎么样呢？"

庄子答道："百姓之剑，全都头发蓬乱，鬓毛穿出，帽子低垂，帽缨粗实，衣服紧身，瞪大眼睛而且气喘语塞。相互在人前争斗刺杀，上能斩断脖颈，下能割断肝肺，这就是百姓之剑，我私下认为大王应当鄙薄这种做法。"

赵文王悟出了庄子话的意思，于是牵着庄子的手来到殿上。厨师献上美食，赵文王绕着座席惭愧地绕了三圈。庄子说："请大王安坐下来定定心气，有关剑术之事我已启奏完毕，请定夺。"

于是，赵文王三月不出宫门，剑士们都在自己的住处自刎而死。

第二十节　讥讽曹商

宋国有个叫曹商的人，为宋王出使秦国。他前往秦国的时候，得到了宋王赠予的几辆车子；秦王十分高兴，又加赐车辆一百乘。这下子真使曹商风光极了。

曹商回到宋国，逢人就说自己怎样受到秦王的盛情款待。见到庄子，更是炫耀不已，对着庄子带有三分讥笑的语气说："身居偏僻狭窄的里巷，贫困到自己编织麻鞋。脖颈干瘪、面黄肌瘦，这是我不如别人的地方；一旦有机会使大国的国君醒悟而顺从的车辆达到百乘之多，这又是我超过别人的地方。"

庄子一听，气不打一处来，面对曹商这个势利小人，庄子哪里肯放过讽刺的机会，他对曹商说道："我听说秦王有病了，召请属下的医生，能破出脓疮溃散疗治的人可以获得车辆一乘，舔治痔疮的人可获得车辆五乘，凡是疗治的部位越是低下，所获得的车辆就越多。你难道给秦王舔过痔疮吗？怎么获得的车辆如此之多呢？滚开，别影响我走路！"

曹商讨个没趣，被臭骂了一顿，狼狈地走开了。

讥讽曹高

第二十一节　天地棺椁

庄子一连病了好几天了，弟子们都陪护着他，不敢有丝毫的懈怠，侍奉汤药，慎之又慎。尽管如此，仍不见庄子的病情好转。

于是，弟子们便商量着给庄子办后事。他们都认为，先生一生简朴，追求高尚情操，与万物为邻，如今，快要走完了人生之路，无论如何要多些殉葬品。

庄子听说后，将弟子都叫到跟前，语重心长地说："弟子们，你们应该知道自己的老师啊！我庄周一生光明磊落，不卑不亢，从不向权势者低头，从不乞求富贵人家；的确，你们跟着我，吃了不少苦。我唯一感到心安的是，我一生遵循大道而行，并要求你们也按大道行事，顺其自然。我死后，你们要把道家的思想发扬光大，使之后继有人，如果能这样，我死也瞑目了。"

说到这里，庄子的眼泪流出来了，继续对弟子们说："至于殉葬品，就不必多虑了。我把天地当作棺椁，把日月当作连璧，把星辰当作珠玑，万物都可以成为我的陪葬。我陪葬的东西难道还算少吗？"弟子们都哭着说："我们担心乌鸦和老鹰啄食先生的遗体。"庄子道："弃之地面将会被乌鸦和老鹰吃掉，埋于地下将会被蚂蚁吃掉，受过乌鸦老鹰的吃食再交给蚂蚁，怎么如此偏心？"

听罢庄子的安排，弟子们都不再说什么，异口同声道："请先生放心，我们按您的意思办就是了！"

听到弟子的这句话，庄子才放心地闭上了眼睛，永远地闭上了眼睛……

天地棺椁

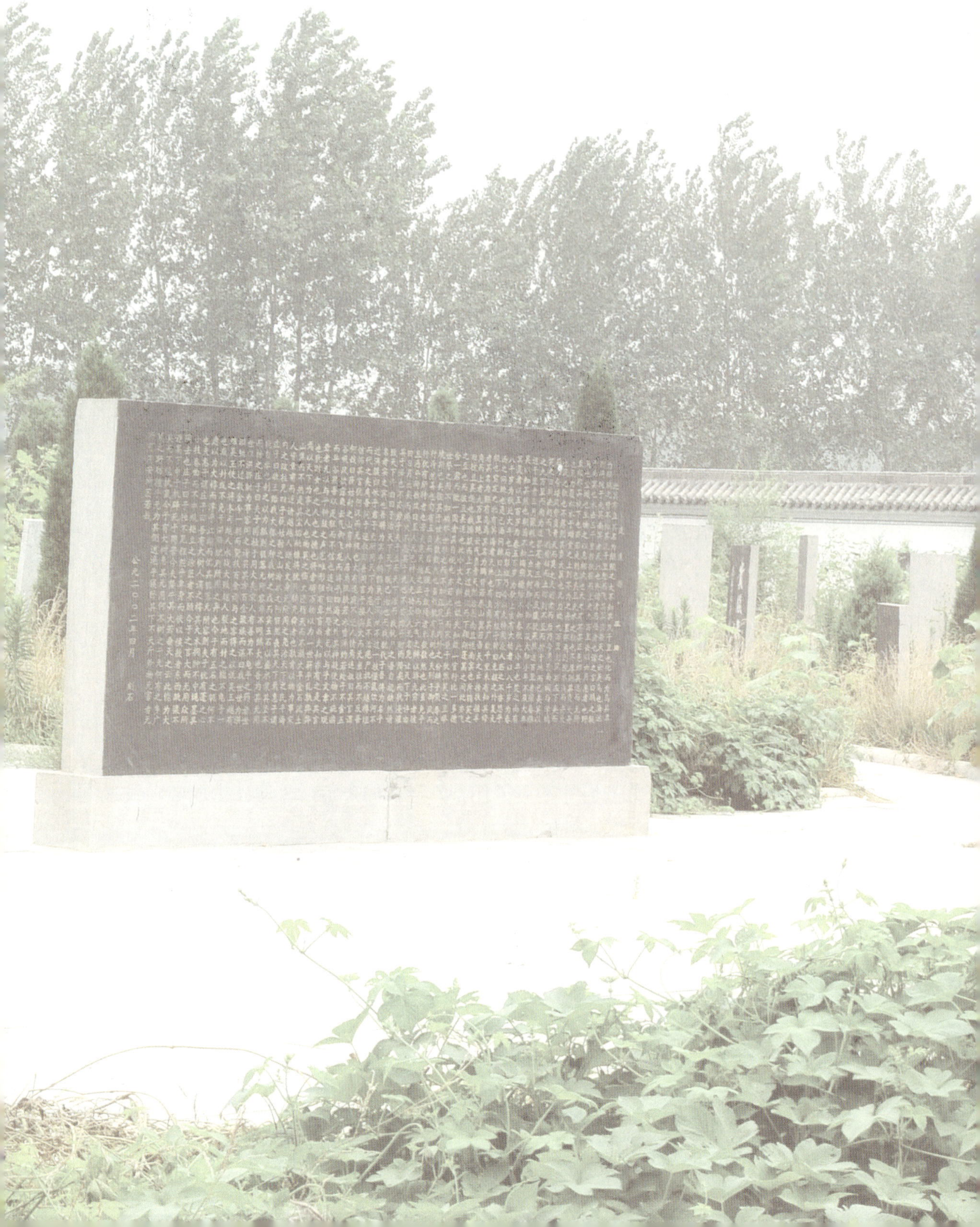

第五章

诗文遴逸 魅力永存

庄子对人类的最大贡献是思想。其书《庄子》不仅是一部优秀散文集,而且也是继《诗经》之后的又一部诗歌集,对后世文人产生了巨大影响。历代文人纷纷撰写讴歌庄子的诗文,这里选精拔萃,编辑成章,以飨读者。

庄子其人和《庄子》其书以及由此产生的庄子文化，在中国知识分子中间产生了巨大的影响，从汉代的司马迁、刘向到晋代的郭象，从唐代的李白到宋代的苏轼，从元末明初的吴承恩到清代的曹雪芹，无不受庄子思想的影响。出于对庄子本人的尊崇，他们都留下了不少咏庄诗文。这些诗文，文辞优美、思想鲜明，崇庄之意油然而生。读着如此妙句，仿佛将我们带到了那久远的年代。

第一节　咏庄诗歌

《庄子》既是哲学巨著，又是一部不可多得的诗集和散文集，对后世文人影响极大。自晋代始，历代诗人皆有咏庄之诗，且名篇迭出。

咏庄之
晋·孙放
巨细同一马，物化无常归。
修鲲解长鳞，鹏起片云飞。
抚翼搏积风，仰凌垂天翚。

【作者简介】孙放，东晋玄言诗人，因仰慕庄子，其字"齐庄"。官至国子博士。有集十卷，已佚。

庄周颂
南朝·江总
玉洁蒙县，兰薰漆园。
丹素可久，雅道斯存。
梦中化蝶，水外翔鲲。
出俗灵府，师心妙门。
垂竿自若，重聘忘言。
悠哉天地，共是笼樊。

【作者介绍】江总（519—594），隋济阳考城（今河南民权）人，梁武帝时任太常卿，陈文帝时任中书侍郎，累迁太常卿。陈后主即位历官祠部、吏部尚书、尚书仆射、尚书令。陈亡入隋，授上开府。卒于江都（今江苏扬州市）。有集三十，后集二卷，已佚，明人辑有《江令君集》。

漆 园
唐·王维

古人非傲吏，自阙经世务。
偶寄一微官，婆娑数株树。

【作者介绍】王维，字摩诘，原籍祁（今山西），其父迁居浦州（今山西永济西），遂为河东人。开元进士，累官给事中。官至尚书中丞。晚年居蓝田辋川。诗与孟浩然齐名，世称"王孟"。山水诗为长，兼工音乐、书画，有《王右丞集》。

漆 园
唐·裴迪

好闲早成性，果此谐宿诺。
今日漆园游，还同庄叟乐。

【作者介绍】裴迪，关中人，官蜀州刺史及尚书省郎。与王维友善，擅长山水诗。

庄 周
唐·白居易

庄周梦蝴蝶，蝴蝶为庄周。
一体更变易，万事良悠悠。
乃知蓬莱水，复作清浅流。
青门种瓜人，旧日东陵侯。

富贵故如此，营营何所求。

【作者介绍】白居易（772—846），字乐天，晚年号香山居士，贞元进士，授秘书省校书郎。元和年间任左拾遗及左参善大夫。后因上表请求严惩刺死宰相武元衡凶手而遭贬江州司马。长庆初任杭州刺史。宝历初任苏州刺史，后迁刑部尚书。是"新乐府运动"的倡导者，诗与元稹齐名，世称"元白"。有《白氏长庆集》传世。

咏庄子
唐·李白

万古高风一子休，南华妙道几时修。
谁能造入公墙里，如上江边望月楼。

【作者介绍】李白（701—762），字太白，号"青莲居士"，祖籍陇西成纪（今甘肃天水附近）。隋末其先人流离碎叶（今巴尔喀什湖南楚河流域），他出生于此。幼年随父迁居绵州昌隆（今四川江油）青莲乡。二十五岁离蜀漫游吴越；天宝初供奉翰林，仅年余，因受谗离开长安。"安史之乱"中为永王李璘幕僚，璘败受累流放夜郎，途中遇赦东还。晚年漂泊困苦，卒于当涂。是我国伟大的浪漫主义诗人，被尊为"诗仙"。有《李太白集》传世。

宋　中
唐·高适

逍遥漆园吏，冥没不知年。
世事浮云外，闲居大道边。
古来同一马，今我已忘筌。

【作者介绍】高适，字达夫，渤海蓨（今河北景县）人。早年失意，后客游河西，为哥舒翰书记。历任淮南、西川节度使，迁散骑常侍，封渤海县侯。

为边塞诗人，与岑参齐名，并称"高岑"。有《高常侍集》传世。

钓台诗
唐·胡曾

青春行役去悠悠，一曲浦汀濮水流。
正在涂中龟曳尾，今人特地感庄周。

蝶
宋·王安石

翅轻于粉薄于缯，长被花牵不自胜。
若信庄周尚非我，岂能投死为韩凭。

【作者介绍】王安石（1021—1086），字介甫，晚号半山，因其为抚州临川（今江西抚州）人，时人称之为"王临川"。庆历二年进士；熙宁二年任参知政事，行新法。熙宁七年罢相，次年再任相，九年再罢相，退居江宁（今南京）半山园，封舒国公，旋改封荆，世称"荆公"。卒谥文。曾与子雱、吕惠卿注释《诗经》、《尚书》、《周官》，时称《三经新义》。"唐宋八大家"之一。所著《字说》、《钟山目录》等已散失。今存《王临川集》、《临川集拾遗》，后人辑有《周官新义》、《诗义钩沉》等。

濠上（二首）
宋·宋祁

一
庄生坐濠上，下玩戏鱼跃。
鱼固不知人，人奚谓鱼乐。

二
惠非蒙叟叟非鱼，濠上全知鱼乐无。
春水未深鱼易乐，要须真知是江湖。

【作者介绍】宋祁（998—1066），字子京，安州安陆（今属湖北）人，后迁至开封雍丘(今商丘市民权)。天圣二年进士，曾官居翰林学士，史馆修撰。与欧阳修等修《新唐书》，书成，进工部尚书，拜翰林学士承旨。谥景文。与兄痒并有文名，时称"二宋"。工诗词，世称"红杏尚书"，有《宋景文集》、《笔记》、《益部方物略记》传世。

无 题
明·李腾冀
曾寄逍遥物外情，遽然化蝶有余清。
风尘不到庄生梦，浪得人间傲吏名。

无 题
明·桑薄
我爱庄子达，来寻钓鱼台。
荒祠余瓦砾，断碣长莓苔。
梦蝶穿花去，塗龟曳尾来。
斯人不可见，江水自濚洄。

钓 台
明·王自省
庄子曾钓济阳水，今日空余钓鱼台。
蝴蝶已随梦魂去，南华之思空悠哉。

无 题
清·梁秀
民社虽勉应，栩蝶本自然。
飘飘仙子意，但看南华篇。

无 题
清·芦毓碎

梦蝶观鱼物，外身微官辱。

寄漆河浜元，为莫谓非儒。

庄周井怀古
清·张良珂

一抹林园带夕阳，名贤故里井泉香。

居民莫作沧桑感，此井如今尚姓庄。

【作者介绍】张良珂（1854—1917），字辔联。清考城（今民权县顺河乡）张庄村人。光绪三十年（1904）甲辰科岁贡生，候补教谕。善诗能文，有《树人堂诗集》传世。

庄周墓
清·张良珂

读罢南华锦绣文，焚香肃拜庄周坟。

贤愚自古皆归土，谁似先生百世闻。

第二节 谈庄论文

《庄子》作为文哲巨著，几千年来有力地影响着历代文学家和哲学家。他们或颂其奥妙思想，或赞其伟大人格，成了庄子文化的重要组成部分。

战国末年·庄子门人评庄子：芴漠无形，变化无常，死与生与？天地并与，神明往与！芒乎何之，忽乎何适，万物毕罗，莫足以归，古之道术有在于是者。庄周闻其风而悦之，以谬悠之说，荒唐之言，无端崖之辞，时恣纵而不傥，不以觭见之也。以天下为沈浊，不可与庄语，以卮言为曼衍，以重言为真，以寓言为广。独与天地精神往来，而不敖倪于万物。不谴是非，以与世俗处。其书虽瑰玮而连犿无伤也。其辞虽参差而諔诡可观。彼其充实不可以已，上与造物者游，而下与外死生、无终始者为友。其于本也，弘大而辟，深闳而肆；其于宗也，可谓稠适而上遂矣。虽然，其应于化而解于物也，其理不竭，其来不蜕，芒乎昧乎，未之尽者。

（见《庄子·天下》）

西汉·司马迁论庄子：庄子者，蒙人也，名周。周尝为漆园吏，与梁惠王、齐宣王同时。其学无所不窥，然其要本归于老子之言。其著书十余万言，大抵率寓言也。作《渔父》、《盗跖》、《胠箧》，以诋訿孔子之徒，以明老子之术。《畏累虚》、《亢桑子》之属；皆空语无事实。然善属书离辞，指事类情，用剽剥儒、墨，虽当世宿学不能解免也。其言洸洋自恣以适己，故自王公大人不能器之。

楚威王闻庄周贤，使使厚币迎之，许以为相。庄周笑谓楚使者曰："千金，重利；卿相，尊为也。子独不见郊祭之牺牛乎？养食之数岁，衣以纹绣，以入大庙。当是之时，虽欲为孤豚，岂可得乎？子亟去，无污我。我宁游戏污渎之中自快，无为有国者所羁，终身不仕，以快吾志焉。"

（见《史记·老子韩非列传》）

西晋·郭象：由于庄子的杰出贡献，终使"儒墨之迹见鄙，道家之言随盛焉！"

（见《〈庄子〉注》）

明末·金圣叹：他把《庄子》列为"六才子书"之一，以庄子为第一才子，而《庄子》为"天下第一才子书。"

清·曹雪芹：在《红楼梦》中，曹雪芹借妙玉之口说："文章还是庄子的好。"

清·宣颖：庄子之文，长于譬喻，其玄映空明，解脱变化，有水月镜花之妙，且喻后出喻，喻中设喻，不啻峡云层起，海市幻生，从来无人及得"；并

称"古今格物君子无过庄子,其傅色揣称,写景擒情,真有化工之巧。"

(见《庄解小言》)

清·林云铭:十一,《庄子》篇中,有一语而包数义者,有反复千余言,而止发一意者,有正意少而傍意多者,有因一言而连类他者,此俱可置勿论。惟先求其本旨,次观其段落,又次寻其眼目,照应之所在,亦不难晓。

十二,《庄子》有易解处,有艰涩难解处,有可作此解彼解处,俱无足疑,止玩上下文来路去路,再味其立言之意,便迎刃自解矣。""十九,庄子命意之深处,须以浅读之;为文之曲处,须以直解之。

二十二,《庄子》当随字随句读之,不随字随句读之,则无以见全书之变化。又当将全书一气读之,不将全书一气读之,则不知随字随句之融洽。

二十三,《庄子》当以看地理之法读之,欲得正龙正穴,于草蛇灰线,蛛丝马迹处寻求,徒较量其山势之大小,无有是处。"

(见《庄子杂说》)

清·吴世尚:庄子"使笔如使利斧,当之者摧,遇之者碎;涌墨如涌海潮,直者山立,横者冈连。寻行逐字,既无从测,其言外之指;高际阔步,又未免失其句之义耳";他在《论庄子》中说:"庄文无问长短,皆必有至情、至理、奇气、奇句。骤读之,无间可入;久读之,应接不暇,所以独步千古也。"

(见《内篇大意》)

清·胡文英:读《庄子》时"须把心收到细如游丝,虚而与之委蛇",直到炼得一片"轻清微妙之质,则气息相通",然后"跟着神气之轻重伸缩,寻觉将去,才能大叩大鸣,小叩小鸣。"但不可"苦心求合"。

(见《庄子独见·庄子针度》)

清·刘凤苞:天地之间,有至文焉。其见于上,则日月星辰,为文之灿烂;风云雷雨,为文之鼓荡。其见于下,则岱华嵩衡,为文之根柢;江海河汉,为文之波澜。

南华池天地之秘者也，其光之灿烂，如日月星辰之悬象而落明；其气之鼓荡，如风云雷雨之须时而布令；其根柢之深厚，如岱华嵩衡之并峙；其波澜之奇诡，如江海河汉之奔腾；合天地之有象有声音以为文，以是为文之至。

薄书之暇，把卷沉吟，机有所触，笔之于书，亦如元化之鼓荡而不能自已，天籁之起伏而莫知所为焉，名之曰'雪心编'。雪心者，谓南华为一卷冰雪之文，必索解于人世炎热之外，而心境始为之雪亮也。

（见《〈南华雪心〉自序》）

清·王夫之论庄子：

《自叙》：己未春，避兵楂林山中，麋麇之室也，众籁不喧，枯坐得以自念：念予以不能言之心，行乎不相涉之世，浮沉其侧者五年弗获已，所以应之者，薄似庄生之术，得无大疚愧？然而予固非庄生之徒也，有所不可、"两行"，不容不出乎此，因而通之，可以与心理不背；颜渊、蘧伯玉、叶公之行，叔山无趾、哀骀它之貌，凡以通吾心也。心苟为求仁之心，又奚不可？

或曰，庄生处七雄之世，是以云然。虽然，为庄生者，犹可不尔，以予通之，尤合辙焉。予之为大瘿、无服，予之居"才不才之间"，"知我者谓我心忧，不知我者谓我何求"，孰为知我者哉！谓予以庄生之术，祈免于"羿之彀中"，予亦无容自解，而无能见壶子于"天壤"之示也久矣。凡庄生之说，皆可因以通君子之道，类如此。故不问庄生之能及此与否，而可以成其一说。是岁伏日，南岳卖姜翁自叙。

《逍遥游》：多寡、长短、轻重、大小，皆非耦也。兼乎寡则多，兼乎短则长，兼乎轻则重，兼乎小则大，故非耦也。大既有小矣，小既可大矣，而画一小大之区，吾不知其所从生。然则大何不可使小，而困于大？小何不可使大，而困于小？无区可画，困亦奚生！

夫大非不能小；不能小者，势使之然也。小非不能大；不能大者，情使之然也。天下有势，"扶摇"之风是已；我心有势，"垂天"之翼是已。夫势之"厚"也生于"积"："扶摇"之风，生物之吹息也；"垂天"之翼，一翮之

轻羽也。然则虽成乎势，大之居然小也固然。

势者，矜而已矣。矜者，目夺于成形而已矣。目夺于成形，而心怙其已然，然后困于大者，其患倍于困小。何也？心怙其已然则均，而困于小者，无成形以夺其目也。为势所驱，不"九万里"而不已；亦尝过"枋榆"矣，而失其"枋榆"。"扶摇"之风，不可以翔"枋榆"；"泠然"之风，不可以游乡国；章甫之美，不可以适于越；势之困尤甚于情。情有炯明而势善迷，岂不甚乎？

然则"乘天地之正"者，不惊于天地之势也；"御六气之辨"者，不骛于六气之势也；必然矣。无大则"无己"，无大则"无功"，无大则"无名"；而又恶乎小！

虽然，其孰能之哉？知兼乎寡，而后多不讳寡也；知兼乎短，而后长不辞短也；知兼乎轻，而后重不略轻也；知兼乎小，而后大不忘小也。不忘小，乃可以忘小；忘小忘大，而"有不忘者存"，陶铸焉，斯为尧、舜矣。

《齐物论》：论其"比竹"，论者其吹者乎！人其"比竹"，天其吹者乎！天其"比竹"，机之欻然而兴者其吹者乎！然则四海之广，万年之长，肸蚃之细，雷霆之洪，欲孤用吾口耳而吾弗能，欲孤用吾心而吾弗能；甚矣其穷也！

不言而"照之以天"，得矣。不言者，有使我不言者也；照者，有使我照者也；皆因也。欲不因彼而不为彼所使，逃之空虚，而空虚亦彼，亦将安所逃之？甚矣其穷也！

未彻于此者，游于穷，而自以为无穷，而彻者笑之已。彻于此者，游于无穷，而无往不穷。天地无往而非其气，万物无往而非其机，触之而即违，违之而即触。不得已而言齐，我将齐物之论，而物之论亦将齐我也，可如之何！

智穷道丧，而别求一藏身之固，曰"圣人怀之"，斯可不谓择术之最工者乎？

虽然，吾将有辩。怀之也，其将与物相逃乎？与物相逃，则犹然与物相竞也。何也？恶屈乎物而逃之，恶随乎物而逃之，恶与物角立而无以相长而逃之。苟有恶之心，则既竞矣。逃之而无所屈，逃之而无所随，逃之而不与角立，因自以为可以相长，凡此者皆竞也。与之竞，则怀之机甚于其论；默塞之中，有雷霆焉。"不言之辩"，辩亦是非也；"不道之道"，道亦荣华也。其不为"风波之民"也无几，而奚以圣人为！

怀之者，"参万岁而一成纯"者也。故言人之已言，而不患其随；言人之未言，而不逢其屈；言人之不能言、不敢言，而非仅以相长。何也？已言者，未言者，不能言者，不敢言者，一万岁之中所皆备者也。可以言，可以不言；言亦怀也，不言亦怀也。是尧、舜，不非汤、武；是枝鹿，不非礼乐；仁义无端，得失无局，踌躇四顾，以尽其藏，而后藏身以固。唯然，则将谓之择术而奚可哉？圣人无术。

《养生主》："以无厚入有间者"，不欲自王其神。

王其神者，天下亦乐得而王之；天下乐得而王之，而天下亦王。昔者汤王其神，而韦、顾、昆吾王；文王王其神，而崇侯虎、飞廉、恶来王；孟子王其神，而杨、墨王。神王于此，而毒王于彼；毒王于彼，而神不容已，益求王焉；此古之君子所以终其身于忧患而不恤其生者也。

夫"无厚"则当之者独，厚则当之者博。当之者博，所当者非间也。间不相当，而非间者代间者与吾相拒，间者反遁于刃所不施，虽君子未有不以为忧者也，乃非无以处此矣。

"生有涯"，则神有涯，所当者亦有涯也；其他皆存而不论，因而不治，抚而不诛者也，于是而神之王也独微，万物也，二气之毗，八风之动，七政之差，高山大川之阻，其孰能御之？故王者之兵，不多其敌；君子之教，不追其往。天下之心知无涯而可以一二麾，终其身于忧患而不与忧患悟，无他，有经而已矣，经者裻也，裻者正也，正者无厚者也。反经而不与天下争于智数，孰谓君子之王其神为樊雉也哉？

《人间世》：耳目受物，而心治物。"殉耳目内通，而外于心知"，能不"师心"者也。师心不如师古，师古不如师天，师天不如师物，何也？将欲涉于"人间世"，心者所以涉，非所涉也。古者前之所涉，非予涉也。天者唯天能以涉，非予所以涉也。今予所涉者，物而已矣，则何得不以物为师也耶？卫君之暴，楚齐之交，蒯聩之逆，皆师也，而天下何不可师者哉？

抑尝流观天下而慨人事之难矣。庸人之前，直说拙于曲说；忮人之前，讽言危于正言。"不材之木"，无故而受伐者亦数数然。"无用之用"，亦用也，用斯危矣。夫所患于师心者，挟心而与天下游也。如使师物者挟物而与天下游，则物亦门也，门亦毒也。阖门而内固其心，辟门而外保于物，皆有泰至之忧。

韩非知说之难，而以说诛；扬雄知白之不可守，而以玄死。其用心殊而害均，则胡不寻其所以害乎？履危世，交乱人，悲身之不幸而非不材，斯岂可以计较为吉凶之准则哉？有道于此，言之甚易，行之不劳，而古今之能知者鲜。故李斯叹东门之犬，陆机怨华亭之鹤，而龙逢、比干不与焉。无他，虚与不虚而已矣。

天下皆不足为实之累，而实填其"生白"之"室"以迷闷而不知"吉祥"之"止"者，生死已尔，祸福已尔，毁誉已尔，口口已尔。此八实者，填心之积也，古今之奉为师而不敢违者也。八者虚而天下蔑不虚矣，故物皆可游也。规规然念物之可畏而避之，物不胜避矣。物不胜避，而况天之生杀乎？"何暇至于说生而恶死"？龙逢、比干所以与不材之木同至今存也。

《德充符》：德人而矜有德之容，为容人而已矣；德人而矜德之无容，为无容之人而已矣。"道与之貌"，貌一道也；"天与之形"，形一天也。"死生亦大矣，而不得与之变"；故生于道，死于道；生于天，死于天；道无不貌，貌无非道；天无不形，形无非天。然则生于形，死于形，生于貌，死于貌，死生可遗，而兹未尝与之相离也。

以道殉容，曼人而已矣。以容殉生，靡人而已矣。以道忘容，忘道而已矣。介者，无趾者，无脈、大瘿者，且不丧其全德，况其不尔者乎？

"忘其所不忘"，而以殉形，则人知其妄。若夫"不忘其所不忘"，而形与貌在焉，天之所以成，成之所以大，浑外内，合精粗，凝道契天，以不丧其所受。夫圣人者，岂得以詹詹于形貌之末而疵之也哉？

悲哉！卫灵公之愚也，得无脈者而视全人之脭肩肩。悲哉！齐桓公之愚也，得大瘿者而观全人之脭肩肩。则使之二君者，以巍冠大绅、高趾扬眉之士，怀溪壑，腹刀剑，而得其心，抑将视天下容之不盛者，虽有德，若将浼焉，恐去之不凤矣。

故符者，德之充也；非德不充，非充不符。不充而符，谓之窃符；不德而充，谓之枵充。德之不充，是谓替德；充之不符，是谓儳充。"道与之貌"，貌以肖道；"天与之形"，形以酬天。宾宾于名闻之间，而数变其天形，则胡不内保而外不荡，逍遥于"羿之彀中"，以弗丧吾天也乎？故其为容，非容人之容也；其为无容，非无容人之无容也；以德徵符，德无非符；以符合德，符无非德。能知天下之以形貌为货，而不知其为符也，又恶知德哉？

《大宗师》："踵息"者，始教也，而至人之道尽矣。"寥天一"，无可人也。自踵而上，无非天也，无非一也，然而已寥矣。

"逆寡"、"雄成"、"谟士"，皆"喉息"也。"悦生"、"恶死"、"出訢"、"入距"，皆"喉息"也。"乐通物"、"有亲"、"天时"，皆"喉息"也。"刑"、"礼"、"知"、"德"，皆"喉息"也。"好恶"，皆"喉息"也。引而至于踵，寡亦逆，成亦雄，士亦谟，生亦说，死亦恶，出亦訢，入亦距，通物亦乐，亲亦有，时亦天，刑亦体，礼亦翼，知亦时，德亦循，好亦好，恶亦恶；以死殉数者而特不以喉。于是而寥矣，不可度矣，不可竭矣，不可以功功，不可以名名，参万岁，槖万物，非天非一，其孰足以胜此哉？

天下好深，而独浅其天机，于是淫刑而侈礼，阳慕德而数用知，喜怒好恶，以义为朋，而皆以深其嗜欲。自喉以下，嗜欲据之，而仅余其喉以受天，而即出之，此古今之通患，言道者莫之能舍也。

夫天虚故受，天实故撰。受之而不得出，非天非一，则若哽于膺，而快于一吐。撰之而不足，非天非一，则改易君臣，颠倒表里，以支其所不逮，而冀速应之以无惭。呜呼！知天之虚，知天之实者，古今鲜矣。

若然者，非他求之也；即其所为息者，引而至于踵，无所闻也，无所缺也。孰使而闻"副墨"而若惊，闻"雒诵"而若醒，闻"瞻明"而若奔，闻"聂许"而若饫，闻"需役"而若嘬于蚊蚋，闻"於讴"而若厉风之激于窦乎？以嗜欲济嗜欲，不足则援道以继之，天下皆浅而天丧其机，于是而天亦戚矣。阖户以求人之入，而人莫入也，而天亦枵矣。天戚则亦无乎不戚，于是而愀傈荧謍，终其世以为喉，任忧患而彻于死。天枵，则所为者皆枵也，枵而攖

之，未有得宁者也。然则天下之好深，而得深之患，皆浅而已矣。

引而之于踵，至矣。虽至于"寥天一"，不能舍此以为救也。"犯人之形"以百年，无不取诸其藏而用之，而后知天一之果寥也。

《应帝王》：天下皆"未始出吾宗"者也，而骇于物之多有者，事至而鞿然，事至而瞿然，事至而荧然，事至而的然，谓是芸芸者皆出吾宗之外者也。于是以为迎之而可无失，则"藏仁以要人"；于是而以为有主而可以相治，则"以己而出经"；于是以为悉体之而可尽，则"劳形怵心"，以来天下之求。凡此者，慕圣人之功而不知其所以功者也。

夫天下未始出吾宗，而恒不自知。苟知其不出吾宗，则至静而"不震"，其机为"杜德"；至深而"不波"，其机为"踵发"；至安而容，至敛而涵，其机为"渊"；皆以不丧吾宗而受天下以不出，然后可"流"，可"靡"，无物不在道之中，而万变不足以骇之。

虽然，所谓宗者，必有宗矣。无以求之，其唯天乎！我之与天子，皆天之子，则天子无以异；天子之与天下，皆天之子也，则天下无以异。道者归于道而已矣，德者归于德而已矣，功者归于功而已矣，名者归于名而已矣，利者归于利而已矣，嗜欲者归于嗜欲而已矣。道亦德也，德亦功也，功亦名也，名亦利也，利亦欲也，欲亦道也。道不出吾宗，虽有贤智，莫之能逾；欲不出吾宗，虽有奸桀，莫之能诡。不骇天下，则不患吾之寡。吾无寡而天下无多，不谓之一也不能。

"藏天下于天下"，而皆藏于吾之宗。名焉而不为尸，谋焉而不为府，事焉而不为任，知焉而不为主；尸焉而不为名，府焉而不为谋，任焉而不为事，主焉而不为知。抑滔天之洪水，躬放伐之烈名，帝自此帝，王自此王，未始出吾宗，而何屑屑以凿为！

（见《庄子通》）

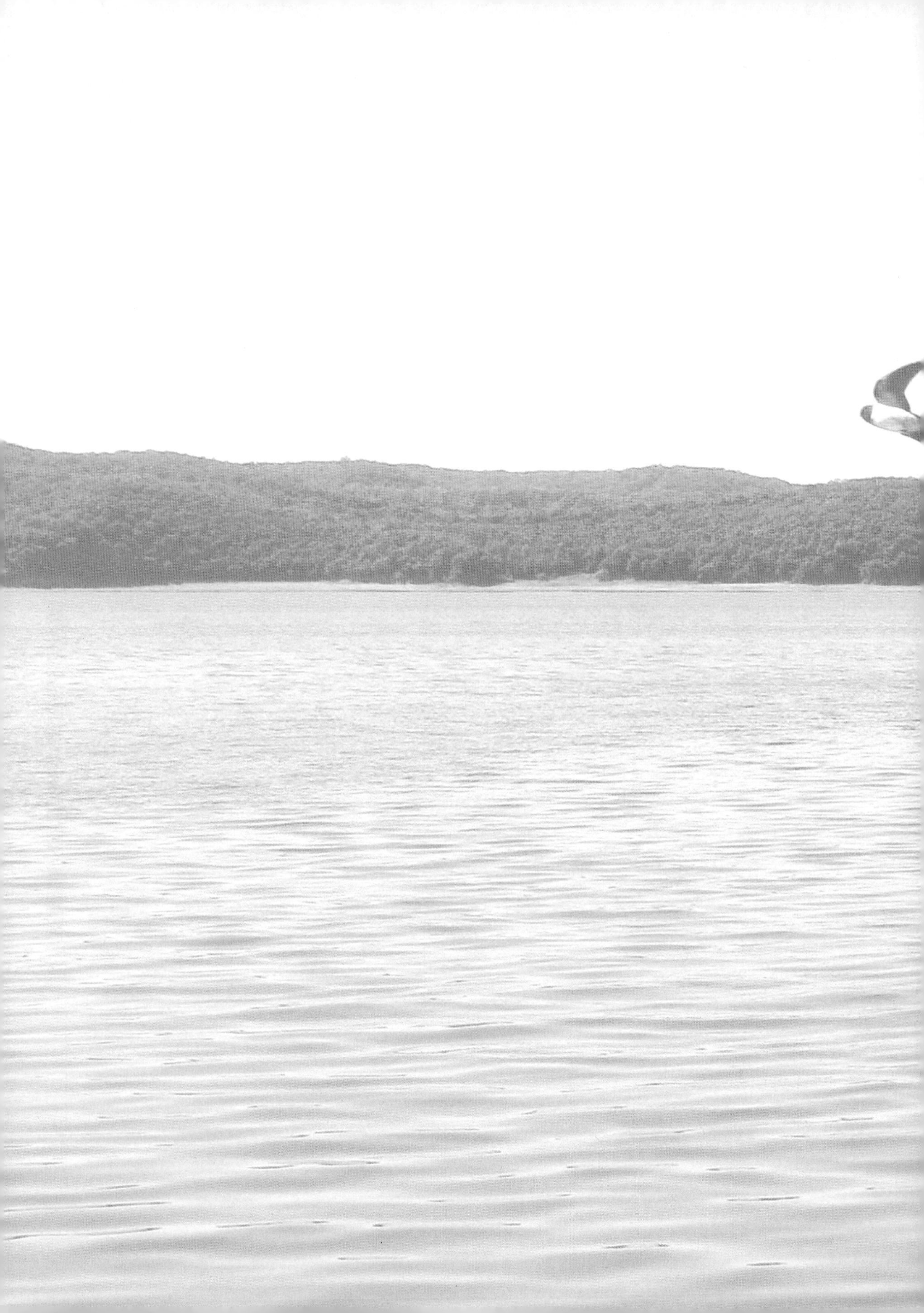

第六章 人本和谐 传承文明

庄子故里民权县是庄子文化的重要传承地。中国庄子邮票首发式在这里举行,五届中国国际庄子文化节先后于此成功举办。与时俱进的民权县委、县政府正带领全县87万人民将庄子文化的传承工作做大做强,真正全面落实"文化强县"战略;使庄子文化放射出更加璀璨的时代光芒。

博大精深的庄子文化得到了后人的传承。随着时间的推移，庄子文化的影响越来越大。如今的庄子不仅是民权的庄子，中国的庄子，而且是世界的庄子。作为庄子故里的民权人民在传承庄子文化方面做了大量不可替代的工作。仅1995年至今的20年里，民权县委、县政府先后举办了五届"中国民权国际庄子文化节"，使庄子文化之花开满了神州大地、五湖四海，使庄子文化之根进一步深扎民权。由于成效显著，民权县被中国民间文艺家协会授予"中国庄子文化之乡"荣誉称号，并同时在民权成立了"中国庄子文化研究中心"，标志着庄子故里民权传承庄子文化工作进入了新阶段。

第一节　中国庄子邮票首发式

庄子这位"文哲大师"以其深邃的哲学思想和杰出的文学成就誉满全球，他不仅是民权的庄子，中国的庄子，也是世界的庄子。为扩大庄子影响，弘扬庄子文化，国家邮政总局于2000年11月11日在庄子故里民权举行了"庄子邮票首发式"。首枚庄子邮票上印有中国肖像大师袁熙坤画的"庄子像"。

中国庄子邮票首发式的巨大影响，使世界更了解了民权，也使民权进一步走向世界。由此所诞生的中国第一枚庄子邮票也显得格外珍贵，为不少集邮爱好者所收藏。

邮票及首日封

一、中国民权国际庄子文化节

当历史的巨轮驶入二十一世纪，庄子思想备受世人关注。作为庄子故里的民权县委、县政府，更是把弘扬庄子文化、扩大庄子影响、加快家乡建设当作头等大事来抓。自2000年以来，民权人民相继举办了五届"国际庄子文化节"，均收到了良好的社会反响。

第一届国际庄子文化节

2000年11月11日，国家邮政总局在民权举行庄子邮票首发式，同时，民权县举办了首届国际庄子文化节。世界庄严宗亲的代表，国家、省、市有关领导，国内外从事庄子研究的专家学者、知名企业家等出席了开幕式。文化节期间，来自香港、泰国、新加坡、马来西亚等地的庄严宗亲代表团在庄周陵园参加了隆重的拜祖庆典活动；在主会场举办了由国内外书画名家参展的"中国民权庄子文化节中国书画名家精品展。"

2000年第一届庄子文化节

第二届国际庄子文化节

2006年4月24日，中国民权第二届国际庄子文化节世界庄严宗亲祭祖大典暨中华庄氏大宗祠奠基仪式在民权县庄周陵园隆重举行。原全国侨联主席庄炎林，世界庄严宗亲总会会长、马来西亚拿督斯里庄智雅，原国家体委领导庄则栋，市政协副主席刘桂兰、刘爱田、原市人大常委会主任庄敬山及民权县委、县政府、人大、政协领导和世界各地的庄严宗亲共计700余人参加了大典。该文

中国民间文艺之乡

化节由开幕式、纪念庄子诞辰2375年中国书画展、世界庄严宗亲祭祖大典、中华庄严大宗祠奠基仪式、中国庄子文化国际高层论坛、民权县第二届王公庄农民画展等八项活动组成。《中央电视台》、《人民日报》、《香港凤凰卫视》、泰国《亚洲日报》等国内外媒体均作了重点报道；多家媒体称此次文化节是河南省继黄帝故里祭祖大典之后的又一次文化盛会。

中国民权第二届国际庄子文化节开幕式

第三届国际庄子文化节

2008年10月18日，民权建县80周年庆祝活动暨第三届国际庄子文化节开幕式在民权县民生广场隆重举行。全国人大环境与资源保护委员会副主任宋照肃、河南省副省长史济春、中国军事医学科学院副院长黄培堂、中

世界庄氏宗亲到民权县庄周陵祭祖

国光大银行副行长张华宇及商丘市领导王保存、陶明伦、高献涛、吴宏蔚、曾昭宝、谢玉安、付元清、刘明亮等出席；世界庄严宗亲代表、客商代表和民权县社会各界代表参加了开幕式。是日，参加中国民权第三届国际庄子文化节的230多名庄严宗亲代表来到庄周陵园祭拜祖先，纪念庄子诞辰2377周年。祭祖典礼上，来自香港、福建、广东、湖北等地的庄严宗亲代表们全体肃立，世界庄严宗亲总会会长庄荣洲宣读祭文，各代表团依次向庄周陵祭拜，并参观了庄周陵园。

第三届国际庄子文化节期间，世界庄氏宗亲到民权县庄周陵祭祖

世界庄氏宗亲在庄周陵祭祖

第四届国际庄子文化节

2010年10月26日，由中国渔业协会、中国民间文艺家协会、河南美食协会、河南省文联、中共商丘市委宣传部联合主办，民权县委、民权县人民政府承办的河南省首届农民绘画艺术展暨第四届国际庄子文化节、中国（民权）第四届河蟹美食文化节在民权县城东新区民生广场隆重开幕。省政协副主席王训智，中国渔业协会会长、农业部原副部长齐景发，省文联副主席、省民间文艺

中国民间文艺之乡

第四届中国民权国际庄子文化节开幕式

家协会主席夏挽群,国电西北分公司董事长张树民,国电河南电力有限公司总经理朱国庆、中国美协副秘书长张旭光,省文联副主席何白鸥,省美协副主席刘杰和商丘市领导陶明伦、吴宏蔚、李德才、贾宏伟、陈海娥、胡学亮等出席开幕式;来自海内外的140名庄氏宗亲代表等应邀出席活动。省政协副主席王训智宣布河南省首届农民绘画艺术展暨第四届国际庄子文化节、中国(民权)第四届河蟹美食文化节开幕。开幕式上,夏挽群向民权县授"中国庄子文化之乡"、"中国庄子文化研究中心"匾牌。仪式上还举行了《庄子故里——虎步天下》邮票暨《中国河蟹之乡——民权》首日封揭牌活动。

第五届国际庄子文化节

2012年10月26日,中国民权第五届国际庄子文化节在庄子文化馆前的广场上隆重举行,来自世界各地的庄严宗亲代表200余人和国家、省、

中国民权第五届国际庄子文化节开幕式、庄子文化馆落成典礼暨庄子铜像揭幕仪式

市、县领导出席了开幕式。

开幕式上，县委书记王仲田代表县四大家领导讲话。向领导和庄严宗亲汇报了近年来民权县县委、县政府在弘扬庄子文化和经济建设方面所做的大量工作，受到了与会者的高度赞扬。

礼乐庄周

开幕式后，庄严宗亲一行200多人在县政协主席楚翠昕的带领下，乘车来到庄周陵园庄周墓前举行了隆重的"庄严宗亲祭祖大典"。各代表团分别向庄周陵敬献了祭品，县四大家领导分别敬献了花篮。祭拜之后，宗亲代表在市、县领导的陪同下参观了庄周碑林。

当天上午，市、县领导陪同庄严宗亲在东方商务酒店共进午餐。晚上，观看了精彩的文艺节目。此届庄子文化节自始至终充满了庄严、肃穆、亲切、和谐的气氛，给与会者留下了深刻的印象。

第二节　"中国庄子文化之乡"和"中国庄子文化研究中心"

民权是庄子故里，庄子思想及其文化对故里民权影响深刻而久远。进入新的历史时期，民权人民在县委、县政府的正确领导下，为弘扬庄子文化，传播庄子思想，做出来积极的努力，使庄子精神在故里民权这块热土上形成强大的磁场，吸引了越来越多的人到民权观光、学习。特别是国际庄子文化节的多次成功举办，更增强了民权这个"庄子精神磁场"的吸引力，使民权成了"中国庄子文化之乡"的代名词。

批文

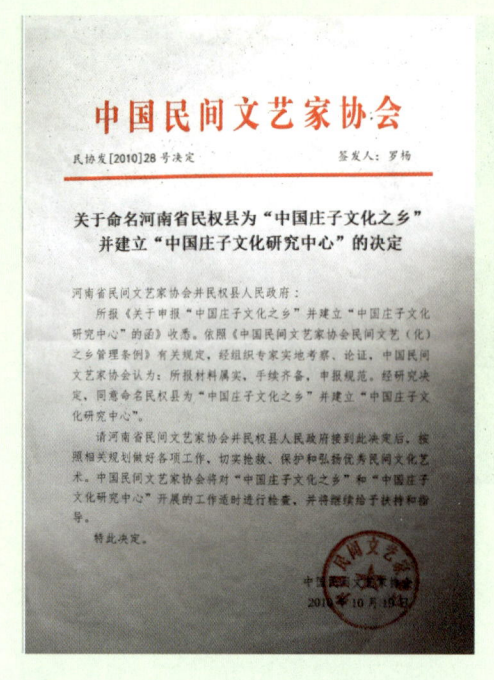

为创建庄子文化之乡，民权人民做了大量的工作。一方面，政府成立了主抓庄子文化建设的机构，制定了庄子文化建设发展规划；一方面成立了学术性的"庄子文化研究会"；另方面对庄子文化遗产的挖掘与保护也做了大量的工作，使"庄子墓碑"、"庄子井"皆列入了省级文物保护对象；之外，以庄周命名的道路、学校、景点与日俱增；庄子的生活习惯和生活方式也在民间得以流传。可以说，庄子文化已渗透于民权人民生活的方方面面。

在此基础上，民权县人民政府正式向"中国民协"递交了创建"中国庄子文化之乡"的申请书。中国民协十分重视，立即派专家组来民权考察论证，"中国民协"认为，庄子故里民权作为"中国庄子文化之乡"的条件业已具备。于是"中国民协"便回电民权县人民政府，中国民协决定：授予民权"中国庄子文化之乡"荣誉称号，并决定在庄子故里民权成立"中国庄子文化研究中心"。

喜讯传来，民权人民奔走相告，欢呼雀跃。2010年10月26日，中国民协副主席，河南省文联副主席，河南省民协主席夏挽群在"中国民权第四届国际庄子文化节"开幕式上为民权县授"中国庄子文化之乡"和"中国庄子文化研究中心"匾牌。从此，庄子故里民权便正式成为"中国庄子文化之乡"，"中国庄子文化研究中心"也从此在民权正式成立。

民权成为"中国庄子文化之乡"以来，民权人民十分珍惜这一荣誉，决心把庄子文化建设推向新阶段，庄子文化馆的建成，庄周陵二期工程的完成，龙泽湖、秋水湖后续任务的完成，都在很大程度上提高了庄子故里"中国庄子文化之乡"的品位。"中国庄子文化研究中心"一班人，自"中心"成立以来，

河南民权

2010年10月26日，中国民协授予庄子故里民权为"中国庄子文化之乡"

在县政协的领导下，做了大量的工作，现已编辑出版了《庄子文化研究》系列丛书第一辑、第二辑第三辑正在编辑中。

随着时间的推移，"中国庄子文化之乡"必将为弘扬庄子文化，促进社会和谐做出新的更大贡献；"中国庄子文化研究中心"必将研究出更加优秀的成果。

第三节 展望未来 前程似锦

民权县委县政府高瞻远瞩，站在时代制高点，为全县人民绘制了鼓舞人心的发展蓝图。

一、"十二·五"时期的目标任务

以"持续求进、好中求快、务实发展、全面提高"为总目标，推进撤县建市进程，经过广大干群的共同努力，使主要经济指标增速高于全市平均水平，做大做强做靓商丘"两翼",增强区域性辐射和带动能力,综合经济实力争取进入全市先进行列,进入全省中等以上发展水平,全面建成小康社会的基础更加牢固。

二、促进经济社会又好又快发展的五项指导原则

坚持跨越发展,促进转型开放;(2)坚持协调发展,提高内在质量;(3)坚持创新发展,推进改革开放;(4)坚持和谐发展,着力改善民生;(5)坚持可持续发展,优化生态环境。

三、做大做强文化旅游业

按照旅游发展总体规划布局,围绕"一村一寺一林一水一哲人"五大文化旅游资源,打造以黄河故道生态旅游带,王公庄画虎村乡村旅游区、白云禅寺文化旅游区、庄子寻根文化旅游区为主的"一带三区"重点旅游景区,积极融入河南省乃至中部地区黄金旅游线路,积极办好庄子文化节,民权虎文化节,和谐美食文化节大型节庆活动,深挖文化内涵,铸造庄子文化、民权虎文化国际品牌。继续抓好白云禅寺、庄周陵、庄子故里、葵丘会盟台、江淹墓、李馆地道古迹修缮和开发利用工作,力争申报成功白云禅寺为国家级重点文化保护单位。加大对双塔遗址,李岗和吴岗遗址的文物保护和管理力度。加快秋水湖、龙泽湖、申甘林带、黄河故道堤等自然景观和资源的综合开发利用。依托重点旅游景区,培育旅游相关产业,拉长产业链条,到"十二·五"末,基本形成核心产业优势明显,相关产业协调发展的文化旅游产业体系。

四、优先发展教育事业

坚持教育方面向时代化,面向世界,面向未来,强化素质教

黄河故道

育，提高教育现代化水平，努力建设人力资源强县，均衡配置义务教育资源，建立城乡一体化的义务教育长效机制，加大农村学生的资助力度，落实"两免一补"政策，大力加强农村教师队伍建设，实施公办学校校长和教师轮换制度。完善进城务工子女接受义务教育的保障机制。建立健全政府为主导，社会共同关爱留守儿童的工作机制。加快实施中小学校舍安全工程和农村初中中小学改造工程，继续实施特殊学校建设规划。"十二五"期间建成一所民族中学，县城区新建成改扩建三所初中，三所小学。大力发展职业教育，加强基础能力建设，深化办学体制改革、推动职业教育的规模化，品牌化发展。加快整合优质中等职业教育培训机构。争取在"十二五"期间建成示范性，省级高技能人才培训基地和区域性公共实训基地。

五、繁荣文化体育事业

努力健全公共文化服务体系，检查工艺品标志性文化工程，为文化强县建设和文化产业发展，奠定坚实基础。加强图书馆、博物馆、文化馆、电台、电视台、互联网公共信息服务点等公共文化设施建设，逐步完善公共文化设施网络；大力发展新闻出版，广播影视，文学艺术等事业，加快网络文化等新兴文

南华幼儿园

民权老年活动中心

民权县全民运动会开幕式

化发展，加快县城老年人活动中心，妇女儿童活动中心建设，丰富人民群众的文化生活。大力构建群众公共体育服务体系，积极开展全民健身运动，不断提高人民群众健身水平。多方筹措资金加强城乡基层体育健身设施建设，完善体育中心活动设施，鼓励和支持发展竞技体育运动，努力提高全民的健康水平。

六、加强社会主义精神文明建设

加强思想道德建设，坚持正确的舆论导向，进一步巩固全县人民团结奋斗的思想基础，加强理想信念教育和思想政治工作，培育广大人民群众的集体主义，社会主义理念，弘扬爱国主义精神，大力倡导社会公德职业道德和家庭美德。深入开展"道德规范进万家，诚实守信万人行"活动；在全社会倡导爱国守法，明礼诚信，团结友善，勤俭自强，敬业奉献的基本道德规范，进一步增强全县人民的凝聚力和创新力，大力开展各类群众性精神文明建设活动，不断提高全体公民的文明素质。我们深信：随着精神文明建设的不断加强，中国庄子文化之乡河南民权一定会有一个更加美好的未来。

表彰道德模范

附 录

附录一

庄子语录

1. 天地有大美而不言，四时有明法而不议，万物有成理而不说。圣人者，原天地之美而达万物之理。——《知北游》

2. 凡人心险于山川，难于知天。——《列御寇》

3. 不乐寿，不哀夭，不荣通，不丑穷，不拘一世之利以为己私分，不以王天下为己处显。显则明。万物一府，死生同状。——《天地》

4. 人生天地之间，若白驹过隙，忽然而已。——《知北游》

5. 夫相收之与相弃亦远矣，且君子之交淡若水，小人之交甘若醴。君子淡以亲，小人甘以绝。——《山木》

6. 凤兮凤兮，何德之衰也。来世不可待，往世不可追也。天下有道，圣人成焉；天下无道，圣人生焉。——《人间世》

7. 好面誉人者，亦好背而毁之。——《盗跖》

8. 哀莫大于心死，而人死亦次之。——《田子方》

9. 吾以天地为棺椁，以日月为连璧，星辰为珠玑，万物为送赍。吾葬具岂不备

庄子文献资料图

邪?——《列御寇》

10. 巧者劳而知者忧，无能者无所求。饱食而遨游，泛若不系之舟，虚而遨游者也。——《列御寇》

11. 夫大块载我以形，劳我以生，佚我以老，息我以死。故善生者，乃所以善死也。——《大宗师》

12. 甘其食，美其服，乐其俗，安其居，邻国相望，鸡狗之音相闻，民至老死而不相往来。——《胠箧》

13. 故曰，夫恬淡寂寞，虚无无为，此天地之平，而道德之质也。——《刻意》

14. 众人重利，廉士重名，贤人尚志，圣人贵精。——《刻意》

15. 丧己于物，失性于俗者，谓之倒置之民。——《刻意》

16. 荃者所以在鱼，得鱼而忘荃；蹄者所以在兔，得兔而忘蹄；言者所以在意，得意而忘言。吾安得夫忘言之人而与之言哉!——《外物》

17. 形在江海之上，心存魏阙之下，故寂然凝虑，思接千载，悄然动容，视通万里。——《让王》

18. 井蛙不可以语于海，夏蟲不可以语于冰。——《秋水》

19. 同类相从，同声相应，固天理也。——《渔父》

20. "忘其肝胆，遗其耳目，芒然彷徨乎尘垢之外，逍遥乎无事之业，是谓为而不恃，长而不宰"——《达生》

21. 真者，精诚之至也。不精不诚，不能动人。——《渔夫？》

22. 朝菌不知晦朔，蟪蛄不知春秋。——《逍遥游》

23. 且举世而誉之而不加劝，举世而非之而不加沮，定乎内外之分，辩乎荣辱之境，斯已矣。——《逍遥游》

24. 至人无己，神人无功，圣人无名。——《逍遥游》

25. 鹪鹩巢于深林，不过一枝；偃鼠饮河，不过满腹。——《逍遥游》

26. 庖人虽不治庖，尸祝不越樽俎而代之矣。——《逍遥游》

27. 瞽者无以与乎文章之观，聋者无以与乎钟鼓之声。岂唯形骸有聋盲哉?夫知亦有之。——《逍遥游》

28. 大知闲闲，小知间间。大言炎炎，小言詹詹。——《齐物论》

29. 夫大道不称，大辩不言，大仁不仁，大廉不廉，大勇不忮。道昭而不道，言辩而不及，仁常而不成，廉清而不信，勇忮而不成。——《齐物论》

30. 夫言非吹也，言者有言。——《齐物论》

31. 道隐于小成，言隐于荣华。——《齐物论》

32. 方生方死，方死方生；方可方不可，方不可方可。——《齐物论》

33. 彼亦一是非，此亦一是非。——《齐物论》

34. 以指喻指之非指，不若以非指喻指之非指也；以马喻马之非马，不若以非马喻马之非马也。天地一指也，万物一马也。——《齐物论》

35. 夫天下莫大于秋豪之末，而太山为小；莫寿乎殇酒，而彭祖为夭。天地与我并生，而万物与我为一。——《齐物论》

36. 方其梦也，不知其梦也。梦之中又占其梦焉，觉而后知其梦也。——《齐物论》

37. 吾生也有涯，而知也无涯。以在涯随无涯，殆已；已而为知者，殆而已矣。——《养生主》

38. 彼节者有间，而刀刃者无厚，以无厚入有间，恢恢乎其于游刃必有余地矣。——《养生主》

39. 为善无近名，为恶无近刑，缘督以为经，可以保身，可以全生，可以养亲，可以尽年。——《养生主》

40. 汝不知夫螳螂乎?怒其臂以当车辙，不知其不胜任也，是其才之美者也。——《人间世》

41. 古之至人，先存诸己而后存诸人。所存于己者未定，何暇至于暴人之所行!——《人间世》

42. 无听之以耳而听之以心；无听之以心而听之以气。——《人间世》

43. 绝迹易，无行地难。为人使易以伪，为天使难以伪。——《人间世》

44. 朝受命而夕饮冰。——《人间世》

45. 其作始也简，其将毕也必巨。——《人间世》

46. 意有所至而爱有所亡，可不慎邪?——《人间世》

47. 山木，自寇也；膏火，自煎也。桂可食，故伐之；漆可用，故割之。人皆知有

用之用，而莫知无用之用也。——《人间世》

48. 自其异者视之，肝胆楚越也；自其同者视之，万物皆一也。——《德充符》

49. 人莫鉴于流水而鉴于止水。——《德充符》

50. 鉴明则尘垢不止，止则不明也。久与贤人处则无过。——《德充符》

51. 德有所长而形有所忘。人不忘其所忘而忘其所不忘，此谓诚忘。——《德充符》

52. 其耆欲深者，其天机浅。——《大宗师》

53. 泉涸，鱼相与处于陆，相呴以湿，相濡以沫，不如相忘于江湖。——《大宗师》

54. 小惑易方，大惑易性。——《骈拇》

55. 小人则以身殉利，士则以身殉名，大夫则以身殉家，圣人则以身殉天下。故此数子者，事业不同，名声异号，其于伤性以身为殉，一也。——《骈拇》

56. 天下尽殉也。彼其所殉仁义也，则俗谓之君酒；其所殉货财也，则俗谓之小人。其殉一也，则有君酒焉，有小人焉；若其残生损性，则盗跖亦伯夷已，又恶取君酒小人于其间哉！——《骈拇》

57. 善人不得圣人之道不立，跖不得圣人之道不行。——《胠箧》

58. 唇竭则齿寒，鲁酒薄而邯郸围，圣人生而大盗起。——《胠箧》

59. 窃钩者诛，窃国者为诸侯，诸侯之门仁义存焉。——《胠箧》

60. 故纯朴不残，孰为犠尊！白玉不毁，孰为珪璋！道德不废，安取仁义！性情不离，安用礼乐！五色不乱，孰为文采！五声不乱，孰应六律！——《马蹄》

61. 浮游，不知所求；猖狂，不知所往；游者鞅掌，以观无妄。——《在宥》

62. 出入六合，游乎九州，独往独来，是谓独有。独有之人，是谓至贵。——《在宥》

63. 视乎冥冥，听乎无声。冥冥之中，独见晓焉；无声之中，独闻和焉。故深之又深而能物焉，神之又神而能精焉。——《天地》

64. 知其愚者，非大愚也；知其惑者，非大惑也。大惑者，终身不解；大愚者，终身不灵。——《天地》

65. 至言不出，俗言胜也。——《天地》

66. 学者，学其所不能学也；行者，行其所不能行也；辩者，辩其所不能辩也。知止乎其所不能知，至矣。——《庚桑楚》

67. 去小知而大知明，去善而自善矣。——《外物》

68. 一尺之捶，日取其半，万世不竭。——《天下》

69. 天能覆之而不能载之，地能载之而不能覆之，大道能包之而不能辩之。知万物皆有所可，有所不可，故曰选则不遍，教则不至，道则无遗者矣。——《天下》

70. 且夫水之积也不厚，则其负大舟也无力。——《逍遥游》

71. 小知不及大知，小年不及大年。——《逍遥游》

72. 日月出矣，而火不息，其于光也，不亦难乎？时雨降矣，而犹浸灌，其于泽也，不亦难乎？——《逍遥游》

73. 不夭斤斧，物无害者，无所可用，安所困苦哉？——《逍遥游》

74. 物无非彼，物无非是。……方生方死，方死方生。方可方不可，方不可方可。因是因非，因非因是。——《齐物论》

75. 可乎可，不可乎不可。——《齐物论》

76. 天下莫大于秋毫之末，而太山为小；莫寿于殇子，而彭祖为大。天地与我并生，万物与我为一。——《齐物论》

77. 适苍莽者，三食而反，腹犹果然；适百里者，宿百里者，宿舂粮；行千里者，三月聚粮。——《逍遥游》

78. 瞽者无以与乎文章之观，聋者无以与乎钟鼓之声。——《逍遥游》

79. 是亦一无害，非亦一无害，故曰莫若以明。——《逍遥游》

80. 天地一指也，万物一马也。——《齐物论》

81. 吾生也有涯，而知也无涯。——《养生主》

82. 缘督以为经，可以保身，可以全生，可以养亲，可以尽年。——《养生主》

83. 指穷于为薪，火传也，不知其尽也。——《养生主》

84. 天下有道．圣人成焉；无下无道，圣人生焉。——《人间世》

85．凡事亦然，始乎谅，常卒乎鄙；其作始也简，其匠终也巨。——《人间世》

86. 杀生者不死，生生者不生。——《大宗师》

87. 夫大块载我以形，劳我以生，佚我以老，息我以死。——《大宗师》

88. 梦乎鸟而戾乎天，梦于鱼而没于渊。——《大宗师》

89. 天无私覆，地无私载。——《大宗师》

90. 凫胫虽短，续之则忧；鹤胫虽长，断之则悲。——《骈拇》

91. 小人则以身殉利，士则以身殉名，大夫则以身殉家，圣人则以身殉天下。——《骈拇》

92. 圣人之用兵也，亡国而不失人心。——《大宗师》

93. 久与贤人处而无过。——《德充符》

94. 自其异者视之，肝胆楚越也；自其同者视之，万物皆一也。——《德充符》

95. 至道之精，窈窈冥冥；至道之极，昏昏默默。无视无听，抱神以静，形将自正。必静必清，无劳女形，无摇女精，乃可以长生。目无所见，耳无所闻，心无所知，女神将守形，形乃长生。——《在宥》

96. 有天道，有人道。无为而尊者，天道也；有为而累者，人道也。主者，天道也；臣者，人道也。天道之与人道，相去远矣，不可不察也。——《在宥》

97. 故圣人观于天而不助，成于德而不累，出于道而不谋，会于仁而不恃，薄于义而不积，应于礼而不惟。授于事而不辞，齐于法而不乱，恃于民而不轻，因于物而不去。物者莫足为也，而不可不为。——《在宥》

98. 天地虽大，其化均也；万物虽多，其治一也；人卒虽众，其主君也。——《天地》

99. 大声不入于里耳，折杨皇荂，则嗑而笑。——《天地》

100. 通于天地者，德也；行于万物者，道也。——《天地》

101. 执道者德全，德全者形全，形全者神全。神全者，圣人之道也。——《天地》

102. 技兼于事，事兼于义，义兼于德，德兼于道；道兼于天。——《天地》

103. 形非道不生。生非德不明。——《天地》

104. 古之畜天下者，无欲而天下足，无为而万物化，渊静而百姓定。——《天地》

105. 视乎冥冥，听乎无声。冥冥之中，独见晓焉；无声之中，独闻和焉。——《天地》

106. 知其愚者，非大愚者；知其惑者，非大惑者；非大惑也。大惑者，终身不解；大愚者，终身不灵。——《天地》

107. 上治之人，事也；能有所艺者，技也。——《天地》

108. 天道远而无所积，故万物成；帝道远而无所积。故天下归；圣道远而无所积，故海内服。——《天道》

109. 静而圣，动而王，无为而有尊，朴素而天下莫能与之争美。——《天道》

110. 与人和者，谓之人乐；与天和者，谓之天乐。——《天道》

111. 故知天乐者，无天怨，无人非，无物累，无鬼责。——《天道》

112. 夫帝王之德，以天地为宗，以道德为主，以无为为常。——《天道》

113. 天尊地卑，神明之谓也；春夏先，秋冬后。四时之序也；万物化，萌区有状，盛衰之杀，变化之流也。——《天道》

114. 天地固有常矣，日月固有明矣，星辰故有列矣，群兽故有群矣，树木固有立矣。——《天道》

115. 心不忧乐，德之至也；一而不变，静之至也；无所于忤，虚之至也；不与物交，淡之至也；无所于逆，静之至也。——《刻意》

116. 当是时也，阴阳和静，鬼神不扰，四时得节．万物不伤，群生不夭，人虽有知，无所用之，此之谓一也。——《缮性》

117. 以道观之，物无贵贱；以物观之，自贵相贱；以俗观之，贵贱不在己。——《缮性》

118. 夫德，和也；道，顺也。——《缮性》

119. 不开人之天，而开天之天，开天者德生，开人者贼生。——《达生》

120. 善养生者，若牧羊然，视其后者而鞭之。——《达生》

121. 合则离，成则毁，廉则挫，尊则议，有为则亏，贤则谋。不肖则欺。胡可得而必乎哉?——《山木》

122. 天地有大美而不言，四时有明法而不议，万物有成理而不说。——《知北游》

123. 彼至则不论，论则不至；明见无值，辨不若默；道不可闻，闻不若塞：此之谓大得。——《知北游》

124. 夫昭昭生于冥冥，有伦生于无形，精神生于道，形本生于精。——《知北游》

125. 人之生，气之聚也。气聚则生，气散则死。——《知北游》

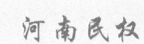

126. 腐臭复化为神奇，神奇复化为腐臭。——《知北游》

127. 调而应之，德也；偶尔应之，道也。——《知北游》

128. 人之所舍，谓之天民；天之所助，谓之天子。——《庚桑楚》

129. 招世之士兴朝；中民之士荣官；筋力之士宿名；勇敢之士奋患；兵革之士乐战；枯槁之士宿名；法律之士广治；礼乐之士敬容；仁义之士贵际。——《徐无鬼》

130. 不以物易己。——《徐无鬼》

131. 海不辞东流，大之至也；圣人并包天地，泽及天下，而不知其谁氏。——《徐无鬼》

132. 生无爵，死无谥，实不聚，名不立，此之谓大人。——《徐无鬼》

133. 古之真人，得之也生，失之也死；得之也死，失之也生。——《徐无鬼》

134. 安危相易，祸福相生，缓解相摩，聚散以成。——《则阳》

135. 丘山积卑而为高，江河合水而为大，大人合并而为公。——《则阳》

136. 目彻为明，耳彻为聪，鼻彻为颤，口彻为甘，心彻为知，知彻为德。——《外物》

137. 筌者所以在鱼，得鱼而忘筌；蹄者所以在兔，得兔而忘蹄；言者所以在意，得意而忘言。——《外物》

138. 唯至人乃能游于世而不僻，顺人而不失已。——《外物》

139. 物固有所然，物固有所可。无物不然，无物不可。——《寓言》

140. 非其义者，不受其禄；无道之士，不践其土。——《让王》

141. 若是若非，执而圆机；独成而意，与道徘徊。——《盗跖》

142. 彼非至人，不能下人，下人不精，不得其真，故长伤身。——《渔父》

143. 以不平平，其平也不平；以不征征，其征也不征。——《列御寇》

144. 知道易，勿言难。知而不言，所以之天也；知而言之，所以之人也。——《列御寇》

145. 不离于宗，谓之天人。不离于精，谓之神人。不离于真，谓之至人。以天为宗，以德为本，以道为门，兆于变化，谓之圣人。以仁为恩，以义为理，以礼为行。以乐为和，熏然慈仁，谓之君子。——《天下》

146. 不累于俗，不饰于物，不苟于人，不忮于众，愿天下之安宁以活民命，人我

之养毕足而止，以此白心，古之道术存在于此者。——《天下》

147. 公而不当，易而无私，决然无主，趣物而不两．不顾于虑，不谋于知，于物无择，与之俱往。古之道术有在于是者。——《天下》

148. 一尺之捶，日取其半，万世不竭．——《天下》

149. 人含其明，则天下不铄矣；人舍其聪，则天下不累矣；人含其知，则天下不惑矣；人含其德，则天下不僻矣。

150. 道与之貌，天与之形，无以为恶内伤其身。——《德充符》

151. 知天之所为，知人之所为者，至矣。知天之所为者，天而生也；知人之所为者，以其知之而知以养其知之所不知，终其天年而不中道夭者，是知之盛也。——《大宗师》

152. 至人之用心若镜，不将不迎，应而不藏，故能胜物而不伤。——《？》

153. 得者，时也；失者，顺也；安时而处顺，哀乐不能入也——《大宗师》

154. 贵以身于天下，则可以托天下；爱以身与天下，则可以寄天下。——《胠箧》

155. 世俗之人，皆喜人之同乎己而恶人之异于己也。同于己而欲之，异于己而不欲者，以出乎众为心也。——《在宥》

156．中而不可不高者，德也；而不可以易者，道也。神而不可不为者，天也。——《在宥》

157. 执德之谓纪，德成之谓立，循于道之谓备，不以物挫志之谓完。——《天地》

158. 天下有道，则与物皆昌；天下无道，则修德就闲。——《天地》

159. 性修反德，德至同于初。同乃虚，虚乃大。合喙鸣，喙鸣合、与天地为合，其合缗缗，若愚若昏，是谓玄德，同乎大顺。——《天地》

160. 高言不止乎中人之心，至言不出，俗言胜也。——《天地》

161. 明白与天地之德者，此之谓大本大宗，与天和者也；所以均调天下，与人和者也。——《天道》

附录二

民权历史名人

文哲大师——庄子：庄子（公元前369-286），汉族、名周、字子休（又名）。战国时期宋之蒙人，即今天的民权县庄子镇青莲寺村人。他是中国古代伟大的思想家、哲学家、文学家，是道家学派的代表人物，老子哲学思想的继承者和发展者，是庄子学派的创始人。其学"无所不窥"，其学说涵盖着当时社会生活的方方面面。其要本归于老子之言。后世将他与老子并称为"老庄"，其思想合称为"老庄哲学"。

庄子思想包含着朴素的辩证法思想，主要思想是"天道无为"，认为一切事物都存在变化。他认为，"道"是"先天地而生"，"自本自根"，主张无为，放弃一切；又认为一切事物都是相对的，"天地与我并生，万物与我为一"是其至高的精神境界；他主张"安时而处顺"，逍遥以自律，追求无任何约束的自由。他的"天人合一"的自然观，"无为而治"的政治观，"修身养性"的养生观，"太和万物"的和谐观，"万物一齐"的平等观，主张简朴的道德观，在当今社会仍有着极高的价值，永远值得后人学习、研究和探索。

庄子对文学的贡献特大，他的文章，想象力极强，文笔极富变化，又有浓厚的浪漫主义色彩，并采用寓言的形式，富有幽默讽刺的意味，对后世文学有较大的影响。庄子和他的门人以及学生著有《庄子》一书。公元742年被唐玄宗封为《南华真经》，是道家的经典之一，也是道教的经典著作。《汉书·艺文志》著录：《庄子》五十二篇，留下来的只有三十三篇，其中内篇七篇，外篇十五篇，杂篇十一篇。内篇中的《逍遥游》、《齐物论》、《养生主》是其名篇，具有极高的学习和研究价值。

庄子

南朝文圣——江淹：江淹（公元444-505），字文通，南朝著名文学家、散文家、历仕三朝，宋州济阳考城（今河南省民权县江集）人。江淹少时孤贫好学，六岁能诗。十三岁丧父，二十岁左右在新安王刘子鸾幕下任职，开始其政治生涯，历任南朝宋、齐、梁三代。江淹早年仕途不甚得志，秦始三年（446年），江淹转入建平王刘景素幕。江淹受广陵令郭延文案牵连，被诬受贿入狱。在狱中上述陈情获释。刘景素密谋叛乱，江淹曾多次劝谏，刘景素不予采纳，贬江淹为建安吴兴县令。宋顺帝开明元年（477年），齐高帝萧道成执政，把江淹自吴兴召回，并任为尚书驾都郎、骠骑参军事，大受重用，又升迁中书侍郎。齐武帝永明年间，江淹先后任庐陵内史、尚书左丞、国子博士等职。后，少帝萧道业即位，江淹任御史中丞。明帝萧鸾时，又任宣城太守，秘书监诸职。梁武帝萧衍代齐后，江淹官至金紫光禄大夫，封醴陵侯。梁天鉴四年（505年）江淹去世，时年六十二岁，归葬故里江集（今民权县程庄镇岳庄村西），梁齐帝为其素衣举哀，谥曰"献伯"。《梁书》、《南史》有其传略。

江淹

作为南朝文圣的江淹，其文学成就颇丰。据江淹《自序传》说有十卷。据《梁书》本传，他还著有《齐史·十志》，今佚。江淹突出的文学成就表现在他的词赋方面。他是南朝辞赋大家，与鲍照并称。南朝辞赋发展到江鲍，达到了高峰。江淹的《恨赋》与鲍照的《芜城赋》、《舞鹤赋》可说是南朝辞赋的代表作。江淹又是南朝骈文大家，与鲍照、刘峻、徐陵齐名。其最为知名的当数他在狱中写给建平王刘景素的《诣建平王书》，文章辞气激扬，不卑不亢，真情实感流露与字里行间。刘景素看了江淹的这篇上书后，深受感动，立即释放了他。另外，江淹的《报袁叔明书》、《与交友论隐书》等均是当时的名篇。

红杏尚书——宋祁：宋祁（998——1061），北宋文学家。字子京，开封雍丘（今河南省民权县双塔乡）人，天圣二年，与兄宋庠同举进士（时号称大小宋）奏名第一，章献太后以为弟不可先兄，乃升宋庠为第一名，累迁知制诰、国子监直讲，太常博士、工部尚书，翰林学士承旨（首席学士）。与欧阳修合修《新唐书》。诗词语言工丽，因任工部尚书时作《玉楼春》词中有"红杏枝头春意闹"之不朽句，时人称之为"红杏上书"。嘉佑六年卒，时年64岁，卒谥景文。

宋祁一生，成就卓著，文学尤甚。他曾自为墓志铭及《治成》，自称"学不名家，文章仅及中人。"《郡斋读书志》说他的诗文多奇字。史载，宋祁著有《益都方物略》、《笔记》、《宋景文集》、《大乐图》等，早佚。清人从《永乐大典》中辑有《宋景文集》62卷。近人赵万里辑有《宋景文公长短句》1卷。唐圭璋据此收入《全宋词》时又稍有增补。

宋祁

宋祁在目录学方面也颇有成就。仁宗时，命翰林学士张观、知制诰李淑和宋祁等人审勘馆阁正副样本，定其存废，有谬误重复者删去，内有差漏者予以补写校正，仿唐《开元四部书目》之体，著为目录名《崇文总目》。宋祁与欧阳修合撰《新唐书·艺文志》，加录唐代学者自著之书，有28469卷。

"大清第一清官"王贯三：王贯三（1648—1720），字配公，号念庵，清康熙时考城双河口人（今民权县孙六镇河里王村），自小聪慧好学，才思敏捷。康熙十六年考中进士，任户部主事。由于他尽忠职守，高风亮节，政绩斐然，.皇上下旨任命他兼任宝泉局监督。这是一个人人望所未及的肥水衙门。在这个肥美的位置上栽倒的官员也着实不少。有一首打油诗说："宝泉局，如虎口，顶着圣旨来，戴着镣铐走。"王贯三不信这些传言，第二天就打点行装，奉旨赴任。进行了繁琐的手手续交接和账目清算。眼看酉时已到，300多名铸钱工在接受层层关卡的检查后鱼贯而出。这时一个管记账的小官吏恭恭敬敬的把一个上面蒙着红绸方巾的紫金圆盘放到王贯三面前的公案上说："监督大人，这是一天铸造的各种钱币，请审视。"王贯三揭开红绸巾一看，盘子里的金宝银锞和各类铜币20多种，图案清晰，工艺精细。王贯三看后命小吏端下去记账入库，小吏说："王大人初上任还不知道宝泉局的规矩吧？""啥规矩？"小吏神秘而又兴奋地说："经你审视过的这些钱币样品不记账入库，全部归你调拨使用。这可是你升官发财的资本哪。"王贯三明白，这是户部尚书梁清标在宝泉局私设的一个小金库，不出事，尚书得好处，监督背黑锅；犯了案，监督就是替死鬼。这件事早有传闻，今日方知传闻属实。想到这里，王贯三对小吏说："这个规矩今后不会再有了，端下去，记账入库！"

　　这一举措在宝泉局引起众议，有说王贯三廉洁奉公的，有说他不识时务的，也有说他沽名钓誉的。但时间一久，大家才知道王贯三确确实实是一位一身正气，两袖清风的好官，然而，他的顶头上司梁清标却对他恨之入骨。心想：你是我下属机构的一个小头目，竟敢不看着我的脸色行事，我看你这是蛤蟆蝌蚪撅扁嘴————自寻死路。从此，梁清标表面上对王贯三的廉政之举大加赞赏，暗地里却在精心设计陷害王贯三的陷阱。

　　王贯三在京城做官从来不带眷属，妻儿老小都在乡下过着男耕女织的田园生活。"夫荣妻贵"，"一人得道，鸡犬升天"的官场陋习在王贯三身上没有任何体现。一次，王贯三回家乡为长子完婚，梁清标趁机派心腹故意送来丰厚的贺礼，然后又指使王贯三家乡的父母官进京告御状。状告王贯三在给儿子办婚事时利用职务之便向地方官吏敲诈勒索，勒索礼银一万二千两。按当时的刑律，这一项就能使王贯三身败名裂。谁知，康熙帝把王贯三传上金殿查明详情之后，竟然龙颜大悦，不但不治罪，还加以赏赐。为什么？因为王贯三把收的礼金全部上交了国库。

　　王贯三在宝泉局任了20年监督，虽然分文不以入私，却是步步陷阱，险象环生，但每次都能出乎意料的化险为夷，这说明王贯三不仅有纯洁高尚的品格，还有超乎常人的大智大勇。正像工部尚书汤斌说的那样："王贯三乃海外神仙，可望而不可及也。"

　　康熙四十六年，王贯三告老还乡，家中茅屋萧然，土垣旧址，无改于旧。白发苍苍的王夫人高兴地从屋子里跑出来迎接，被低矮的门楣碰破了头。康熙帝听说此事后，又经过明察暗访，确认王贯三为天下第一清官。随拟诏，举王贯三为大清国文武百官效仿之楷模。并亲笔御书"清官第一王贯三"七字，制作了一块宽六尺，高二尺的檀木横匾赐予王贯三。这块匾一直保留到新中国成立后。六十年代中期，由于某种原因在民间失落。但至今坐落在民权县林七乡河里王村头的清官墓碑仍保存完整，保和殿大学士、吏部尚书张廷玉撰文，上写：清官第一王贯三。

附录三

民权古迹名胜

庄周陵：庄周陵位于民权县庄子镇青莲寺村南五公里处，即老颜集乡唐王庄村东。庄周陵是河南省重点文物保护单位，庄周陵由前牌坊、东西厢房、祭台、墓冢、碑林五部分组成。

从前牌坊正门进，首先映入眼帘的是"逍遥之祖"四个金色大字；其两侧的对联更是引人注目："自然千姿凭造化，人间百姓任逍遥"。进入陵园，东西厢房显得古朴飘逸，其前的八根立柱各显风采，柱上的联语更是耐人寻味，妙趣横生；东西厢房中间，庄陵中道线上，耸立着庄周石像，看上去神采奕奕、文气浩然，彬彬有礼地迎接前来凭吊的文人墨客；再往前走，是由365块汉白玉条石围成的大型祭台。祭台四周的护栏石上分别镌有庄子语录，让凭吊者从中领悟庄子博大精深的哲学思想和感受庄子文学的巨

庄周陵园

大魅力；再往里走是"庄周墓"，其墓为圆形土冢，高9米，周长88米，其墓冢前立石碑一通，碑高1.8米，宽0.67米，上刻有"庄周之墓"四个大字；石碑阴刻着上自洲县官员，下至黎民百姓达326名立碑人的姓名。

  提起庄周陵中的"庄周墓碑"还有一段来历呢。话说清乾隆五十四年，老考城县令，在一次大雨过后，下去私访，查看灾情，行至今天的庄周陵处，在路边发现一块黑石被雨水冲得露出地面，县令便让人看个究竟，待将整块黑石全都挖出后，用水洗干净，发现黑石上刻有四个大字："庄周之墓"。老县令以为奇，便速进京将此发现上奏乾隆皇帝。乾隆帝本来就喜欢道家思想，又特别崇拜庄子。于是便令老考城县令由钦差监工，复制一块大庄周墓碑立于原处。之后由于黄河决口，此块复制的"庄周之墓"碑，又被洪水陷入了地下。到一九九五年春，被埋于地下380年之久的这块"庄周之墓"碑得以重见天日。遂重修庄周陵，并将此碑重新立于庄周墓前。

  庄周墓冢后面及两侧，是由数百块碑文组成的大型碑林，碑上是中外名家对庄子的题词，将庄周陵装点到了极至。如今的庄周陵，东西宽98米，南北长420米，占地60余亩。近年来，国内外前来参观、访问、考察、拜祭者络绎不绝。为扩大庄周陵的影响，自一九九五年以来举办了五届国际庄子文化节，每次都要在庄周陵举行世界庄严宗亲祭祖仪式。随着时间的推移，庄周陵的影响越来越大。一九九五年五月，中央电视台《中华文化之光》大型系列片摄制组根据北京大学哲学教授陈少峰主编的《庄子》专题片在民权庄周陵拍摄，通过央视一、二套节目连续播放。一九九六年七月初，泰国庄氏宗亲赴华祭祖团一行41人莅临民权，在庄周陵拜祭了其始祖庄周，并考察了庄周故里。2007年6月，中央外宣办所属的"五洲文化传播中心"摄制组到民权拍摄了《大地逍遥游》一片后被收入中央电视台《中国历史文化先贤》系列专题片，于2008年4月至8月先后在中央电视台国际频道播出。2008年11月，香港"阳光卫视"在民权拍摄大型专题片《大地逍遥游》，通过卫星频道在全世界播放。今天的"庄周陵"已成为黄河故道上的著名旅游景点，它将吸引着越来越多的文人墨客到此凭吊怀古，祭悼圣哲。

  青莲寺：青莲寺始建于唐代"天宝"年间，大修于明代天启年间。自东晋始，道教迅速发展。至唐朝道家思想达到了至受尊崇的程度。道学家们出于对"李"姓神化，对老子大加推崇，这种崇拜到唐玄宗时达到了高潮，玄宗不仅大力提高老子的地位，也对其后继者庄子大加推崇，公元742年，诏号《庄子》为《南华真经》，加封庄子为"南

华真人",并在科举中对道家大加重视,促成了唐代庄子学盛行态势。

  国君对庄子的如此推崇,极大地震撼了庄子故里人。天宝年间由于"安史之乱"的爆发,使人们感到生命难保。因此,庄子的养生思想很受人们看重,于是出现了专讲庄子思想的教授,博士等,他们常到寺院里去讲道经。为了使庄周故里成为讲述庄子思想的大讲堂,地方官和庄子故里的百姓于公元749年,即天宝中,便自发地建起了以纪念庄子本人传播庄子思想为目的的"青莲寺"。

  至宋,庄子的思想倍受尊崇,从宋太祖到其后的真宗,神宗,微宗无不敬也。尤其是宋明宗对庄子顶礼膜拜,将庄子重新封为"微妙元通真君"。在此背景下,青莲寺得以重修,增其旧制。重修后的青莲寺,输俀精巧,土木繁兴,朱门楹绣。

  据《明史》记载,至明代嘉庆年间,道家思想尤其是庄子思想复得统治者重视。在其背景后,青莲寺得以大修。大修后的青莲寺"山门殿庑,台阁包厨,种种备,祥云结。盖于天端,腾宇晓月,磬声清澈,香蒙缭绕,两河南北,未有如兹景胜者也。"(见天启六年《重修青莲寺碑文》)。

  但是,由于之后不久,黄河泛滥,致使青莲寺一切庙宇悉随洪涛魇为苦海。弥陀有数,香火无从,令吊古者向苔觅残碑,抚荆篡,思旧址,辗转低回。面对此惨景,有庞氏者,四处奔波,广不择细,积寸丝而缔绮,覆一篑而成山。其精神令人钦佩。于是乎,鸠公董怡竭力筹之,抓地抢财,前殿后阁,左右廊庑,金碧琉璃,焜煌夺目,不数月而落成。有轮奂之美而不溢于华,有敦煌之势而不怜于陋。当此之时,青莲寺内,三千佛化,十地菩萨,四谛罗汉,各庄严平等诸天。自无法目,形之于有相,究无所从来,各之于有来,观其法宫宏丽,道路阴森,君子瞻之默以自存,知善者不可不为;小人过之,潜以自悔,不可不去。

  为记下庞氏翁媪,董怡营缮青莲寺之功,有张氏者,于明朝天启六年(1626年)列之片石,立碑于青莲寺村,田于岩精撰碑文,书之于碑上,镌而成之。至今,此碑尚存于民权县庄子镇青莲寺村,这是庄周故里在民权的又一重要历史佐证。

  今天的青莲寺,是庄子镇的一个村名,其村东的青莲寺碑仍傲然耸立,虽久经风雨磨砺,其碑文仍清晰可见,从中可知昔日青莲寺之盛况。其与青莲寺村的"庄子井"、"庄子胡同"皆为游者之神往也。共同见证着庄子故里这片古老而神奇的土地。

  江淹墓:江淹是中国南朝宰相,历任三朝(宋、齐、梁)宋明济阳考城人,即今

江淹墓

民权县江集人。死后葬于斯。江淹墓由碑坊、祭楼、墓冢三部分组成。如今,祭楼上方"万古流芳"四字已破损,两侧的对联已泯然不清,唯有"文始其人"、"翰墨遗香"清晰可见;其后是建于明朝洪都年间的"齐醴泉侯江公讳淹之墓"碑,最后是江淹土冢。此冢高约1.5米,周长10米余。据当地老百姓讲,原江公墓占地12亩,高丈余,遥视即见。江淹墓是今日民权重要的旅游景点之一,每年都有不少文人墨客到此祭拜。

白云寺:位于民权县白云寺镇的白云禅寺是中州"四大名寺"之一,始建于唐朝开元十四年。初成之时,占地五百余亩,前来梵香拜佛者络绎不绝。

关于白云禅寺有一个来历。相传大唐开元六十四年,一明方丈举众僧修契观音堂之时,天气酷热,秋禾欲焦;工地上工人无不挥汗如雨,气喘吁吁。观音菩萨闻之,遂以白云蔽日,凉风乍起,直至竣工。为感天恩,时人将观音堂改为"白云禅寺"。千余年间,白云禅寺几经水患兵火,虽多次重修,然其名未改。

"白云禅寺"还有许多传说:如"康熙寻父三下白云"、"鲁班打工于白云"、

河南民权

白云寺

　　"冰道运砖"、"古井运木"、"仙鹤送籽"等等。正因"白云禅寺"如此的富有传奇色彩，所以，它大大地吸引了古今中外的游客，使之享誉神州大地。今天的"白云禅寺"早已成为著名的旅游景点，前来观光者与日俱增。

　　"白云禅寺"坐北朝南，寺门上方，巨幅匾道："白云禅寺"，字体遒劲，为赵普初之墨宝；其上门楼，像展开劲翅的雄鹰，凌空欲飞，煞是壮观。

　　走进寺院，豁然开朗：古木参天，护寺纳凉；奇花异草，相映成趣；尽异曲折，错落有致；大殿寮房，布局合理；设计展转，巧夺天工，使人顿生天造地设之感，似进怡境，如入福地。此时，若驻足于寺院中的主体建筑"大雄宝殿"门前，看着雕有飞椽走兽的古典式建筑，不禁为能工巧匠们的建筑艺术所陶醉。走进大殿，弥勒佛祖笑脸相迎，观音菩萨面容慈祥；十八罗汉栩栩如生，使人顿感佛光开面，灵气润心。

　　"天王殿"、"御碑亭"、"佛公灵塔"几处景点也很有游观之必要，富有传奇色

白云寺组图

彩的"铁锅槐"更是引人入胜，此槐相传为"仙鹤送籽"所成，虽几百年过去了，但其槐仍枝青叶茂。炎热的夏天，树上住着一种通体绿色的鸟，这是别处树上所没有的，堪为人间奇观。

最让人心动的要数爱新觉罗·福临的《出家谒》了。其全文被镌刻在一个大青碑上，吸引着众多的游客。其文语言优美，语意深刻，令人回味无穷："天下丛木饭似水，到处钵盂任君餐。黄金白玉非可贵，唯有袈裟披最难。……兔去乌飞复东西，为人切莫用心机。百年世事三更梦，万里江山一局棋。"不少客人将其复读数遍，有的还将其记在自己的笔记本上。每读一遍，都能给人以新的启迪，使人忘却功利浮华，达到自我超脱之妙境……

葵丘会盟台：葵丘，古地名，在今天的民权县境内，位于林七乡的大堤上。据史载，此处为齐桓公会合诸侯之地。后人为纪念齐桓公会盟之功，于葵丘筑台以记之，名曰"会盟台",史称"葵丘会盟台"。

春秋时期,周天子名存实亡,大诸侯国君相继以武力称霸。为使天下平定,恢复周天子的地位,公元前656年,齐桓公会合宋、鲁、陈、卫、郑、曹、许齐国等联合进攻楚国。未战,与楚于召陵签约后,齐桓公带兵返回。后来,周室发生纠纷,齐桓公又辅助太子姬郑巩固了地位。太子即位后,就是周襄王。周襄王为了报答齐桓公,特地派使者把祭祀太庙用的祭肉送给了齐桓公。齐桓公趁此机会,在宋国的葵丘(今民权县林七乡)会合诸侯,招待天下使者,并订立了一个盟约。主要内容是:修水利,防水患,不准把邻国作为水坑;邻国有灾荒来买粮食,不准禁止;凡是同盟的诸侯,在订立盟约之后,都要友好相处;并正式提出了"尊王攘夷"的主张,此次会盟为"昔日联合国"组织。之后,又多次在此会盟,对平定战乱,巩固君主地位制起到了一定作用。后人筑台以记之。

"葵丘会盟台"筑起后,后世人前来凭吊者很多,留下了不少诗文。清朝贡生张良珂在此凭吊后写下怀古诗二首:其一是:"五命堂堂把业开,葵丘剩有会盟台。而今戎

葵丘会盟台遗址

附录三　民权名胜

157

狄侵华夏，谁是当年管子才？"其二是："蔓草荒烟土一丘，齐桓曾此会诸侯。下泉思罢古今慨，漫说圣门五尺羞。"

如今的"葵丘会盟台"，已成为黄河故道上一个著名的旅游景点，到此观光旅游者络绎不绝。其会盟大殿在很远处就能看见，金色琉璃瓦在绿树的掩映下时隐时现，阳光照处，流金溢彩。从正门进去，首先映入眼帘的便是"会盟大殿"，走进去，只见齐桓公当年会盟诸侯的情景即在眼前。仿佛能听到齐桓公在阐述"尊王攘夷"的政治主张，刹那间，将凭吊者拉回那战乱频繁的春秋年代。

秋水湖：秋水湖位于民权县林七乡，与葵丘会盟台相望，即堤上是葵丘会盟台，堤

下南侧是秋水湖。秋水湖是黄河决口冲积而成的。传说，庄子曾在此垂钓，并写下《秋水》一文，"秋水湖"因此而得名。

秋水湖规模约有2540万平方米，水面25800多平方米，平均水深1.5米，最深处5米。湖水清洁而无污染，适合各类鱼虾和珍稀水产物种生存。这里空气清新，景色宜人，乃夏季观光，旅游，避暑之圣地。

站在湖东，向西遥望，水天一色，浩浩淼淼，水鸟栖湖，天鹅翔空。天色临晚，霞光润溟，不禁让人想起王勃《滕王阁序》中"落霞与孤鹜齐飞，秋水共长天一色"之妙句。此时，常有歌声传出："风轻轻兮湖水蓝，波连波兮水接天，美兮美兮人早醉，乐

秋水湖

兮乐兮心自翩。"这是情侣们唱着晚歌归来的情景。

秋水湖不仅是黄河故道上的著名游览区，而且还是重要的水产基地。当地政府和上海一家公司联营，形成了闻名遐迩的"万亩养蟹场"。"秋水湖"牌大闸蟹全国驰名，是"中国河蟹之乡"的代表。此湖产的蟹皆为优质蟹，出口东南亚诸国，是当地人民一项可观的收入，成了致富的好门路。富裕起来的当地人民有这样一个顺口溜："秋水湖，湖水清，水产养殖巧经营；一年收入好几万，富民政策多英明。坚持科学发展观，小康路上不歇停，农村建设拓新路，敢与城市比文明。"

今天的秋水湖，更加彰显了她的景点优势，到此观光旅游者络绎不绝，尤其是夏季，更是人们避暑的好去处。这个如诗如画、聚宝纳金的水上乐园越来越令更多的人神而往之。我们深信，秋水湖的明天会更加美好！

龙泽湖：龙泽湖位于民权县王庄寨镇，距县城28公里之遥。相传，战国时期的宋王曾让庄子出来做官，以此施展其才华，不再让庄子度苦日。然而，庄子却拒而不仕，

龙泽湖

并对宋王说："大王若是真可怜我，你就赐给我一方净水，让我有垂钓之处便可。我庄周喜垂钓，亲自然，若能如此，我谢大王矣。"宋王闻之，便答应庄子的请求，说道："既然如此，朕不再强求。你说要一方净水，何处的水最便于你垂钓呢？"周曰："在我村的南面五里处有一湖清水，比较合适，大王若能赐予我，周将感激不尽！"宋王曰："诺！"遂下一道令给地方官。从此，庄周便无拘无束地常来此湖垂钓。因此湖为国王所赐，故名"龙泽湖"。

"龙泽湖"之美四季各异：有"花枝草蔓眼中开，阵阵清香扑面来"的春之美；有"接天莲叶无穷碧，映日荷花别样红"的夏之美；有"落霞与孤鹜齐飞，天水共长天一色"的秋之美；有"瑞雪覆岸蕴秀气，暖阳催梅报新春"的冬之美。

"龙泽湖"佳景有三处：一曰"万亩荷塘"，二曰"群鸟戏水"，三曰"水上餐厅"。"万亩荷塘"是"龙泽湖"最具特色处，是"夏之美"的聚焦点。这里的荷花与别处不同，与之相比，西湖的荷花显得太少了，苏州园林的荷花显得太艳了。"龙泽湖"中的荷花美得适中，美得够味。"群鸟戏水"是龙泽湖水面上的奇观，那么多的水鸟聚在一起，相互嬉戏，像是在表演一场"大合唱"，给龙泽湖平添了无限生机。"水上餐厅"是龙泽湖最具人文特色的景观。游兴所至，登上餐厅，一边品尝美味佳肴，一边观看湖光美景，堪称人生之快事。"龙泽湖"之味是香的，从湖面上飘来的荷花之香，从水上餐厅里飘出的佳肴之香，从酒瓶中飞出的清冽醇香，共同编织成了龙泽湖的香环。龙泽湖之香，香得让人口馋，香得让人嗅舒，香得让人心醉……

"龙泽湖"的水是迷人的。这里的水是清的，清得让人感觉不到她的深度；这里的水是纯的，纯得让人看不到半点杂质。

最钟情于龙泽湖的要数情侣们了，他（她）们每每驾一片小舟，畅游于湖中，时而划入荷丛，时而又从荷丛划出；时而一阵笑语，时而一串歌声。此刻，便让人想起梁武帝《采莲赋》中的句子："夏始春余，叶嫩花初。恐沾裳而浅笑，畏倾船而敛裾"。又让人想起李太白的诗句："耶溪采莲女，见客棹歌回，笑入荷花去，佯羞不出来。"

"龙泽湖"之美，吸引了大量的外地游客，尤其是喜欢垂钓者，每至夏季，他们就从四面八方纷纷来到龙泽湖，在这里定居下来。或荡舟于湖面；或垂钓于当年庄子垂钓处。于是，为纪念庄子而建的"垂钓台"便成了游客的"抢手货"。的确，坐在"垂钓台"上，手持鱼竿，全神入静，融入自然，其乐无穷。

中国民间文艺之乡

　　"龙泽湖"是一幅描不完的画,是一首唱不尽的歌,是一处百观不厌的美景。有民歌曰:"龙泽湖上好风光,世间美景胜天堂。人人都道西湖美,怎比龙泽鱼米香"。

　　双塔村:双塔村位于民权县西26公里处,原属杞县,1928年划归民权县。双塔原名叫春风洞,相传在宋天圣年间,村上有个"庄周大宗师茶馆",馆内有庄子画像,宋祁、宋庠兄弟二人经常在这个茶馆里饮茶赋诗,祭拜庄子。天圣二年(公元1024年),兄弟二人进京赶考,同科及第,有兄弟双状元之称,为感谢庄子的在天之灵,新科状元宋祁,提笔书写了一副对联,上联:"庄周胸襟揽日月,下联:道教灵气撼乾坤。"悬挂在茶馆大门两旁。后人为其修建了六棱十三级砖塔一对,以示纪念。并以双塔为村名沿用至今。据民权县志记载:"双塔镇建于宋,缘宋祁、宋庠同举进士呼曰二宋,以大小别之。祁官至工部尚书,卒谥景文。庠黄佑中拜兵部侍郎,封郑国公,因此建塔以示不朽。"

　　兄弟双状元指的是民权县双塔村的宋祁宋庠兄弟二人同中状元的史实。宋祁(公元

双状元故里果园

998—1061年）字子京，宋庠的弟弟，宋仁宗天圣二年（1024年），与兄宋庠同科进士，礼部奏宋祁第一，宋庠第二，章献太后认为不应以弟先兄，乃擢宋庠第一，宋祁第二，有兄弟双状元之称。授复州军事推官，改任大理事丞，后升左丞，进工部尚书，著有《新唐书列传》、《大乐图》、《文集》。宋庠（996—1066年）字公序，于宋仁宗天圣二年甲子科中状元之后，授大理评事，同判襄州，迁太子中允，直史馆，后晋升为翰林学士。宋庠应举时与弟宋祁俱以文学而名扬天下，时称"二宋"。庠俭约不好声色，读书至老不倦，后封为郑国公。撰《补音》三卷，又辑《纪年通谱》十二卷，《掖垣丛志》三卷，《尊号录》一卷。

"双状元"塔

庄子文化馆：庄子文化馆位于民权县东区新城中心位置。东邻盛世名门，西临民生广场，南临秋水东路，北临人民东路，与人民艺术中心隔路相望，远远望去，庄子文化馆恰似镶嵌在东区新城一颗璀璨的明珠。

庄子文化馆上圆下方，风格独特，历时两年，投资1.4亿元人民币。无论是造型，还是质量，此馆都堪称豫东建筑经典。获全国"鲁班奖"。它东西南北各有一门，分别为"逍遥门"、"梦蝶门"、"太极门"、"灵泉门"。庄子文化馆的正门是西门，门前是一个宽阔的广场，大理石路面显得格外豪奢。广场中央正对西门，是一座高二十余米的庄子铜像，抬眼望去，"文哲大师"显得是那样的潇洒和飘逸。

告别庄子铜像，从古铜钱形的正西门进去，首先映入眼帘的是一个开阔的大厅，恰似庄子文化馆外形的浓缩。正面东墙上的电视大屏幕，是用来介绍庄子伟大一生的，吸引不少观众。

庄子文化馆的重要部分是"庄子文化展厅"。展厅由六部分组成："著作展厅"，

庄子文化馆

此厅将《庄子》内篇刻于仿古竹简上；"外篇"、"杂篇"分别通过电子沙盘在屏幕上显示，观赏，阅读都很方便。"庄周其人"展厅：主要展示庄周一生的主要活动。"少年庄周主要介绍庄周生于乱世"；"苦县学道"的情况；"中年庄周"主要介绍"任吏漆园"、"诙言辞相"、"智应魏王"、"论剑救国"的情况；"老年庄周"主要介绍他生活潦倒，"庄周借粮"、"讥讽曹商"、"授徒传道"、"鼓盆而歌"、"俭办后事"等情况。

"庄子故事展厅"：主要展示《庄子》中有记载的关于庄子本人的故事，通过一个个生动的画面，再见了庄子平凡而伟大的一生。庄子的寓言故事展厅："主要展示《庄子》"篇中的典型寓言，如"庖丁解牛"、"坎井之蛙"、"东施效颦"、"望洋兴叹"等。庄子文化研究展厅：此展厅包括古、今、中、外对庄子的研究与评价。旨在以此加深游客对庄子的认识和理解。庄子书画展厅："只要展示历代艺术家一幅幅图文并茂的艺术品，使文化馆增加浓厚的文化氛围。"

如今的庄子文化馆，已成为集"庄子文化展厅"、"历史博物馆"、"名人馆"、"科技馆"为一体的综合馆。随着时间的推移，这一经典建筑，将沐浴着圣哲的灵光，为民权人民带来更多的幸福与吉祥。

附录四
民权民间文艺

豫剧：豫剧在民权的主要表现形式是豫东调，民权县豫剧团于1952年11月成立，1956年招收学员30名。1957年至1966年，是民权县豫剧团的鼎盛时期，行当齐全，剧目丰富，设备更新，经常在豫、鲁、皖、苏一带巡回演出。

1981年5月，县豫剧团进行体制改革，分为：人民豫剧团、红旗豫剧团，两团共有演职员120余人，均属文化局下属机构。

改革开放以来，民权县豫剧团发挥自身优势，围绕党的中心工作，自编自演，服务社会，使在低谷中徘徊的戏剧事业呈现出新的生机，涌现出一批德艺双馨的优秀演员，如：刘绍书、王子春、金德义、王志平、马兰、张萍、焦道峰、秦付军、李巧玲等，他们在戏剧舞台上塑造了一个个不同时代、不同性格的人物形象，为民权的戏剧事业做出了较大的贡献。

大平调：大平调（又名大油梆）由豫北、冀南、鲁西南传入民权县。民国二十一年（1932）8月，王桥"普善堂"（青红帮对外称号），收留山东曹县王玉河大平调一戏班40余人。该堂捐资500元，添置服装道具一堂，组成了王桥普善堂平调戏班。在民权、考城、曹县三县巡回演出，至"七七事变"前解散。新中国成立后，李馆大评调剧团发展到30多人，主要演员有：李国玉和赵庆合，其中，赵庆合主攻大红脸，唱腔浑厚，吐字清晰，表演逼真，深受群众欢迎。演出节目主要有：《收裴彤》、《双状元》、《李炳下江南》、《三哭殿》、《大登殿》、《困河东》、《辕门斩子》、《收姜维》等三十多个。李馆大评调传承形式是师徒传承，至已经历了四代传人。

豫东琴书：民权县林七乡是久负盛名的豫东琴书之乡。1973年民权县成立了业余曲艺队，分豫东琴书和河南坠子两个组。豫东琴书的第二代传人李树德收王宝聚为徒，并参加了业余曲艺队琴书组。1990年，民权县文化馆再次组建曲艺队，队长由豫东琴书的第四代传人王宝聚担任。

豫东琴书从初成形时仅在宫廷演唱的大曲子，到走向中层社会成为富豪之家客厅戏的小曲子，发展到走向民间的豫东琴书（也有叫扬琴的），到目前已有两千多年的历史。(《民权县志》、《民权县文化志》)详细记载的豫东琴书仅有四代传人。王保豫被省文化厅公布为省级豫东琴书的代表性传承人。

河南坠子：河南坠子是在"道情"和"颖歌柳"两种曲艺形式的基础上形成的。因主要伴奏乐器为"坠子弦"（今称坠胡），且用河南语音演唱，故称之为河南坠子。民权县韩淑英演唱的河南坠子保

民权县琴书团在表演节目

持着朴素的乡土风味和浓厚的生活气息。她演唱的传统剧目《大明英雄会》、《徐延忠搬兵》、《巧奇案》、《画皮》、《马瘸子上吊》等20部先后被黄河音像出版社、安徽音像出版社、中国国际广播音像出版社出版发行。她的事迹在商丘电视台和《商丘广播电视报》分别作了专题报道。

坠琴剧：1981年3月，县文化馆成立"民权县坠琴剧团"，共有演职员30多人，王保聚任团长，杨业敬、王世显任副团长。主要演出剧目《大红袍》、《三打雄州》、《治奎打擂》等。1984年解散。

《铜缸挑》：又名京挑，是根据铜缸匠人在走村串户行程中的挑担动作而形成的一种民间舞蹈。在民权已有一百七十多年的历史。其间，该舞曾作了三次大的改革，第一次是清代文举桑国飞，给铜缸挑编写了唱词，名叫铜缸歌，并定词定调，让唢呐和笙伴奏，使该舞锦上添花，更加引人入胜；第二次改革是铜缸挑舞的五代传人周青莲对该舞的道具作了大的改进，扁担由长变短，由木制改为竹制，箱子由大变小。第三次是有个叫花戏楼的豫剧演员，编排了有故事情节的铜缸挑，搬上了戏剧舞台。新中国成立后铜缸挑舞引起了各级政府部门的重视，成为当地文化活动不可缺少的一个艺术门类。如：庆祝新中国成立，欢送志愿军赴朝鲜作战等，都有铜缸挑舞参与演出的记载。改革开放后，第七代传人桑胜杰从舞姿、舞具等方面进一步改进和完善。

河南民权

桑胜杰演出的铜缸挑舞"猴子望月式"

桑胜杰在表演铜缸挑舞"噙挑旋转式"

附录四 民权民间文艺

1987年，民权县颜集乡成立了"民间艺术表演团"，中国舞蹈家协会主办的〈舞蹈信息〉对该团作了详细报道。

1992年10月，在"河南省第六届民族民间音乐舞蹈大赛"中，桑胜杰表演的《铜缸挑》舞获银奖；1993年3月，被中央电视台录制播放；2007年8月，《铜缸挑》第七代传承人桑胜杰被河南省委宣传部、省文联命名为"首批民间文化杰出传承人"称号，并颁发了证书。2008年被认命为"中国民间文化杰出传承人"。

竹马舞：竹马舞在民权县北关镇南北庄村流传一百多年、为群众所喜闻乐见。

中国民间文艺之乡

竹马舞又名跑竹马，是一种集娱乐和健身为一体的舞蹈，它的演技独特，规模宏大，节目花样多，深受当地及周边群众的欢迎。

跑竹马之所以深受广大群众的喜爱，其内容取决于表演者扎实的艺术功底和环环相扣的技能动作，该舞的基本内容共分四大项：一、驯马。二、带马跑阵。三马分。四分斗。环环相扣，热闹有序，常常迎来观众的阵阵掌声。

北关镇南北庄演出的竹马舞

竹马舞

二鬼摔：二鬼摔是一人背驮着二鬼摔跤道具而进行表演的民间舞蹈，北关镇南北庄村崔本缀和崔殿同表演的二鬼摔滑稽幽默，妙趣横生。

二鬼摔道具有两个鬼头，互相对视，有两对搭肩假手，还有两个假腿，道具"身子"上盖着掩饰性的服饰。表演者在表演时，双手各握一个假腿作为"一鬼"的腿，表演者的双腿作为"二鬼"的腿，通过表演者腿、背、臂的活动和综合利用戏剧、杂技、武术的推、踢、翻、滚、旋等动作的表现，给观众以两鬼打斗摔跤的喜剧效果。

南北庄村的二鬼摔已有150多年的历史，传承十代。经十代传人的完善提高，表演技巧日渐精湛，成为当地文化活动不可缺少的一个压轴节目。

筹乐：流传在民权一带、全国稀有的民间管状器乐"筹乐"是从民权县白云寺延传下来的。

"筹乐"起源于宋崇宁三年（公元1104年），距今今已有900多年的历史。民权县白云寺僧人隆江（俗名孙洪德），是筹乐的唯一传承人。其人法号隆江，1957年3月，

中国庄子文化之乡 河南民权

168

河南民权

筹乐

参加河南省民间音乐汇演，获一等奖；同年3月，赴京参加全国第二届民间音乐汇演，获二等奖，中央人民广播电台播放了他们的"筹乐"录音。受到周恩来、朱德、董必武、彭真、薄一波、聂荣臻等党和国家领导人的亲切接见并合影留念。1988年5月，在"商丘地区首届艺术节文艺汇学"中，孙洪德的筹独奏《胡溜》、《抱钟台》获一等奖；1999年9月，在"庆祝新中国成立50周商丘市首届民间音乐，舞蹈大赛"中，筹独奏获特别奖。

2009年，《筹乐》被商丘市人民政府公布为商丘市第一批非物质文化遗产重点保护项目。《民权县志》、《民权县文化志》、《商丘文化志》、《商丘地区民族民间器乐曲集成》和中州古籍出版社出版发行的《千年古刹白云禅寺》等史志资料中都有详细记载。

锣鼓经："锣鼓经"又称"锣鼓点子"，也简称"锣经"。民权县原县剧团乐队队长杨荣保的锣鼓经已经历了三代传人，形成了固定规范的演奏模式，和鼓、板、大锣、小锣、铙、钹、堂鼓等的音响组成各种不同的节奏与打法，并有严格的

附录四　民权民间文艺

169

锣鼓经表演

记谱，一般用仓、台、七、扎、冬等字分别代表大锣、小锣、钹、板、鼓等作为音符记谱。

锣鼓经节奏丰富、音色多彩，在戏曲中有举足轻重的地位。它往往一线贯穿到底，紧扣着剧情的发展，左右着全剧的节奏，制造各种气氛，表达各种感情；它既可打出千军万马、人喊马嘶、浴血激战的紧张场面，又可描绘角色细致的内心活动，即便是眼神的一点点细微变化，也可以配合得恰如其分。锣鼓经大致分为四种。一是开场锣鼓。二是身段锣鼓，三是唱腔锣鼓，也叫开唱锣鼓。四是念白锣鼓。

唢呐：民权的唢呐艺术已有180多年的发展史。清道光年间，全县仅有三班唢呐，民间称之为吹响器。到民国初年，全县已发展唢呐班组十余个。人和的贾家班、马家班，林七的曹家班，褚庙的黄家班等，均发展很快，演出的主要曲牌有：六指开门、七指开门及一些梆子戏等。

1988年，成立了"民权县唢呐音乐协会"，对全县27个唢呐班进行规范管理。到

2000年底，全县唢呐班发展到64班。演奏的曲牌更是丰富多彩，主要有：《一枝花》、《百鸟朝凤》、《山村来个售货郎》、《十送红军》等。

王公庄画虎村：王公庄绘画村的形成与当地的民俗风情有关。据《风俗通义·记典》载："虎者，阳物，百兽之长也。能执缚挫锐，噬食鬼魅。"老虎的出现已有100多万年的历史，亚洲是老虎的故乡，中国是虎文化的发祥地，民权北关镇地处华北平原南部，黄河大冲积扇南侧，王公庄正处于黄河故道腹地，

唢呐表演

"中国画虎第一村"民权县王公庄"四大虎王"作品

附录四 民权民间文艺

该村的先人们与老虎结缘可追溯到数百年的历史，因老虎能吞噬鬼魅，威慑敌害，给人们赐福示瑞，于是这里的老百姓就把虎文化融入到现实生活之中，画虎成为人们的一大爱好，画幅上山虎、下山虎或五虎图挂在屋内墙上以示威严，给小孩缝制虎头靴、虎头帽、虎头枕以示保佑，春节喜庆贴上虎图年画以示平安，这就给农民画虎者提供了一个画虎赚钱的商机。他们在闲暇之余，画一些虎图到周边集市上去卖。据有关资料考证，王公庄绘画艺术产生于清代中期乾隆年间，发展到清道光年间已逐步走向成熟，当时王公庄村秀才王震锋（1840—1922）开始制木版年画，根据当地对老虎崇尚的习俗和人们借物祈福的愿望，以画虎为主，兼画鱼、虫、鸟、工笔仕女等。成为远近闻名的民间美术家。新中国成立后，王公庄绘画村在当地已经颇有名气，绘画技艺日渐精湛，形成了自己技法独具，虎姿逼真、灵活生动、雅俗共赏的艺术风格。王公庄绘画艺术是在农耕社会基础上产生的一种农民艺术，是农民思维与物质观念的产物，乡土气息和地方特色浓厚，具有形式多样、题材广泛、构图饱满、画工精细、造型夸张、线条简练、色彩鲜明、质感性较强、生气力较浓等艺术特征。王公庄绘画艺术是中国农民画中的一支奇葩。其题材大都取自为普通大众所熟知的虎.狮和花鸟虫鱼，在艺术表现上不受客观物象的制约，完全根据作者的喜好和想象运用如"勾线平涂"等简单的绘画语言来尽情描绘，色调对比强烈，鲜艳明快，在看似繁复中追求协调统一。

改革开放后，王公庄逐步形成了以画虎为龙头、集销售、绘画为一体的绘画产业链条，"四大虎王"脱颖而出，带领全村村民从事绘画和卖画产业，闯出一条绘画致富之路。中央电视台、《人民日报》、《河南日报》、河南电视台曾先后为四大虎王作过专题报道。

剪纸：民权有两大剪纸能手，一个是民权县王桥乡陈小庄的徐峰剪纸和王庄寨乡的孙德阁剪纸。

徐峰自幼受父徐万春熏陶，酷爱剪纸艺术，初中毕业后就专于剪纸事业，曾受到国际剪纸艺术大师陈艳芳名家的指点，技艺日渐精湛，他创作的剪纸作品《大鹏展翅》、《百鸟朝凤》、《欢乐农家》、《庄周梦蝶》等，受到中国文化社社长孟祥顺的高度评价，称："徐峰同志的剪纸棒极了！"2013年4月12日，徐峰剪纸被商丘市人民政府公布为第三批市级非物质文化遗产重点项目。

孙德阁自幼受母亲杨永玲熏陶，5岁半就学会了一些简单的剪纸，如：窗花、喜花

河南民权

徐峰剪纸

附录四 民权民间文艺

等；6岁上私塾，1950年转入公益学校，她的业余时间全部倾注到剪纸上，剪纸成了她人生的一大爱好，1985年又拜程文素为师，学习剪人物、鸟兽、花木、文字、果菜等。从1985年——2000年，她的作品《农家》、《忆童年》、《故道新居》、《农技员》、《大丰收》、《十二生肖》等30多幅，分别在《科普田园》、《民权报》、《文明村建设》、《河南农民报》等多家报刊杂志上发表，有的在省、地（市）县展览中获奖。1992年5月，孙德阁被吸收为"河南省民间美术学会会员"。

粮食画：粮食画是以各种纯天然、带有芳香气息的植物种子为本体，通过粘、贴、拼、雕等手段，运用构图、线条、明暗、色彩等造型手法，形成的一种独特的视觉艺术形式。它可以表现国画、油画、装饰画、书法等形式和山水、人物、花鸟等内容，朴素自然的再现大自然风彩，创造人与自然丰富情感的艺术，使人们在观赏粮食画的同时，启迪对大自然的美好感受，表达人与自然的和谐。一幅粮食画的制作流程有：选粒、浸药、定形、脱脂、增硬、风干、磨板、慕字、仿形、粘接、增亮、定色、封面、装等

40多种工艺流程。可达到防虫、防蛀、防腐、防霉、抗氧化等作用。以达到保存时间长久、不变形、不褪色、不冷缩、不热胀，立体感强，是一种民俗艺术的独特珍品。"五谷"在佛教和道教理仪中视其为夺天地之精华的吉祥物。民间则将五谷作为辟凶邪、镇恶秽的祝禳之宝，这些都是"五谷艺术"除形的质朴、神的虚灵、意的深邃、法的自然魅力之外，更赋于了深厚内涵的民族文化功用。粮食是我们的生命之源，是人民的财富之本，用粮食仿制文人墨客的字画等作品，体现了一种返璞归真、回归自然的亲切感。其作品可广泛运用于宾馆、酒店、企事业单位及家庭豪华装饰。也是婚庆、寿宴珍藏馈赠之最佳礼品。

底庄焰火：底庄焰火制作已有120多年的历史，起源于底天作（1884年—1957年）。底天作制作焰火的工艺在当地很有名气。底天作的儿子底广庆（1908年—1979年）子承父业，并在此基础—有了新的发展，相继研制出了：文武花，葡萄架，八仙出

底庄焰火

洞，八角琉璃井，天鹅下蛋，珍珠伞，八仙朝玉帝、白色月明等10多种各具特色的新式焰火。其中葡萄架和八角琉璃井别具一格，葡萄架燃放后，串串葡萄嘟噜而下，光彩夺目，粒粒清晰可见，壮丽逼真。八角琉璃井燃放后，从上至下，八角八层，由64盏灯组成井筒，井筒内鞭炮齐鸣，景色奇丽壮观，使人心旷神怡，有飘然入仙境之感。

新中国新中国成立后，底庄基本上年年都举办烟花晚会，周围数百个村庄的数万观众纷纷而至，对底庄自制的新焰火品种赞不绝口。2000年2月19日（农历正月十五）县文化馆和王桥乡文化站在王桥乡底庄焰火村联合举办"焰火文艺晚会"，演出文艺节目10多个，之后，燃放底广元自制的焰火50多个种类，燃放时间持续一个半小时，受到数万名观众的高度赞誉。

白云寺庙会：白云寺庙会起源于清代康熙年间，至今已有300多年的历史。当时寺内方丈佛定知识渊博，通晓天文地理、八卦阴阳，是当时中国三大活佛之一。一次康熙大帝微服私访，驾临白云寺，与佛定谈古论今，以求安邦之道和治国之策。康熙回朝后，按照佛定和尚的建议，把大清治理得繁荣昌盛，国泰民安。为感谢佛定的出谋划策，康熙亲笔御书"当堂常赏"四字，亲自带着王爷贝勒，大张旗鼓地送到白云寺。从此，白云寺香火旺盛，名声大震。佛定和尚根据施主和香客的要求，宣布每年腊月初八和六月初六为香火大会，于是形成了沿传至今的白云寺庙会。

白云寺庙会会期三天，其间，寺院内外和村内大街小巷人流如潮，来自山南海北的小商小贩在吆喝叫卖，招揽生意。牲畜市骡马嘶鸣，日用百杂应有尽有。生意最兴隆的是香火生意，摆满了寺院门外的几道街。庙会上的文艺节目丰富多彩，村内空闲地

白云寺庙会

上搭满了戏台。有河南豫剧，山东柳琴戏，安徽泗州戏，开封二夹弦，商丘的四平调。此外，民间舞蹈节目也是应有尽有，如：高跷舞，狮子舞，龙舞，竹马舞等，也为庙会增添了光彩。寺内僧众为虔诚的善男信女们鸣鼓敲钟做道场，有的焚香还愿，求神拜佛以保佑平安。一些年过半百的老太太还挑起了自制的花篮，跳起了经挑舞，以祈神佛。

近百年来，盛大的白云寺庙会虽然日渐萧条，但也沿传成习，至今仍为当地较有影响的物质交流大会。

葵丘会盟台庙会：公元前651年，齐桓公在宋国葵丘三会八国诸侯，订立了和平友好的"五禁盟约"。为纪念齐桓公之功，后人筑葵丘会盟台。

葵丘会盟台位于民权县城东20公里处的林七乡王小庄村，黄河故道北岸，面积300平方米，台高2米。这里三面环水，林木葱郁，景色十分秀丽。"盟台夕照"曾为古代著名景点，历代文人官吏多到此凭吊。会盟台南侧是豫东最大的风景游览区，被称为水上游乐园的"逍遥湖"，既是天然浴场，又是人们休闲娱乐的最佳场所。

1995年初，葵丘寺唱大戏三天，兴起了声势较大的葵丘会盟台庙会，每月的农历初一和十五为会期。会期这天，周围数十里村内的香客纷至沓来到寺中朝拜，燃放鞭炮，烧香磕头。庙里庙外，青烟缭绕，人潮如流。各地生意人抓住这一商机也如期赴会，日用百杂，各地土特产琳琅满目，美不胜收。同时也有许多民间表演团体到会表演，有马戏团，曲艺，戏剧等，为庙会增添了诱人的艺术色彩。

葵丘会盟台庙会

河南民权

北关火神庙会：北关火神庙会起源于乾隆二十五年，会期是每年的正月初七，为一年一度的火神庙会。北关火神庙会规模很大，每年都要给火神爷请一台大戏，方圆数十里的群众和生意人起五更，赶庙会，给火神爷烧香上供，有的敲锣打鼓去火神庙还愿。到会者多达三四万人，除唱大戏以外，还有玩花船的、踩高跷的、舞龙舞狮的、玩杂耍的、玩猴的、吹糖人的，真是五花八门，应有尽有。这个声势较大的北关火神庙会，一直沿袭至今。

北关火神庙会

青莲寺庙会：青莲寺位于民权县城东北43公里处，隶属顺河乡。青莲寺原名叫蒙庄，是文哲大师庄子的故里，村内有庄子胡同、庄子井，村南有庄周墓。青莲寺庙会是当地群众为纪念庄子而自发形成的，至今已有1200百多年的历史。

青莲寺庙会每年两次会期（农历二月初九和八月二十四），会期各为三天。庙会期间，青莲寺村外四郊道路车水马龙，各地商贾如期赴会，绸缎布匹京广杂货一应俱全。方圆数十里的男女香客，象逢年过节一样，身着新装，或乘马或坐轿、或推车或步行从四面八方蜂拥而至。各地进香者和游人提前赁房，青莲寺村旅店民房往往爆满，临近村庄也住有

青莲寺庙会

附录四　民权民间文艺

177

香客。庙会文艺节目丰富多彩，玄妙的道教音乐、神秘的宗教绘画、劝人远功名、做善事的道德经宣讲、规模盛大的社火表演、民间工艺、民间戏曲等，汇聚为丰富多彩的庙会文化。青莲寺内外和村里的大街小巷，人流如潮。发展到清代末期，庙会规模波及周围四省（山东、安徽、河北、河南）二十多个县城，外地来者，不论早晚，第一件事是到青莲寺内进香，祭拜庄子，每夜灯笼火把排成长龙。善男信女成群结队、人山人海。有记载，因青莲寺外摊位拥挤，山门内香客如潮，纠纷迭起，考城知县曾发布告示，规整会场。庙会上的文艺演出更是丰富多彩，有河北的大平调、山东的柳琴戏、本地的豫剧、曲剧、两夹弦、花鼓丁香、豫东琴书、杂技班、木偶戏等。不管历史如何变迁，这种古老的民俗一直传承了下来，青莲寺古庙会已成为当地人生活中的一件大事。

张氏十三式绣拳：张氏十三式绣拳是民权县北关镇张道口村张家祖传十二世的武术套路，张道口村隶属北关镇，是数百年来在当地颇有名气的民间武术村。张氏十三式绣拳始创于清朝康熙年间，创始人张瑢，创门树旗，集诸家之长，自成体系，代代传承，至今已历传十二世。张氏十三式绣拳是全国独此一家的稀有拳种，其特点是套路多，实战性强，呼吸自然，技法合理，经过几百年的发展完善，套路日渐精湛，在多次武术比赛中，受到武术界人士的高度赞誉，1983年11月，参加河南省武术表演，荣获三级铜狮奖章一枚和奖金300元。

张氏十三式绣拳的主要套路有十三式：1：炮拳。2：佛案拳。3：猴拳。4：金刚捶。5：飞手捶。6：小阳掌。7：自捶。8：西阳掌。9：二红捶。10：大红捶。11：八卦捶。12：梅花捶。13：飞虎捶。主要器械有十一种：枪矛、齐眉棍、大刀、剑、镗镰、铜、钢鞭、三节棍、戟、双钩、金刚圈。张氏十三式绣拳至今已经历了十二代传人。

梅花拳：梅花拳是中国四大武术门派之一，属少林派系，内含文道、武道、医道三大部分。是民权县野岗乡王窑村王华峰师传五代的民间武术。梅花拳是我国历史最悠久、传人最多的武术门派，历史文献记载其功法已形成3000多年，弟子传人遍布全国各地及世界50多个国家和地区。梅花拳传入民权王窑村至今已经历了五代传人：第一代：孔留勤（1873.6—1956.8）；第二代：王德山（1919.5—1985.2）；第三代：王华峰（1954.7—）；第四代：王浩懿（1981.5—）；第五代：王淙豫（2003.10）。

梅花拳也是我国唯一的集儒、释、道思想之大成的传统武术门派。其"大道至简"、"先备先用"、"文武双修"、"以德立人"等要义和精神，以及文场、武场、

医场三部分的丰富内涵，对现代人的健体、修身、处事、为人均有较高的应用价值。王华峰练的是五式梅花拳，第一式：丁架。第二式：大架。第三式：挎架。第四式：七星架。第五式：败式架。

2013年4月12日，"梅花拳"被商丘市人民政府公布为第三批市级非物质文化遗产重点保护项目。

附录五

地方特产

民权县地域辽阔，物产丰富。不少土特产很受人们的青睐。

张氏贡麻花：民权县王桥乡麻花庄的张氏贡麻花，是当地历史渊源最长、知名度最高的一个特色食品。据民权县县志记载："清乾隆南巡至黄河渡口，阵风飘香，见路舍一翁烹麻花，芳香四溢，欲食之。随士奉于皇上品尝，香酥味美，赞入御膳。地方吏闻之，作贡品进献，受赏，钦封'麻花庄'。贡麻花的前身为张家麻花。据考证，张家麻花创始于明代，清乾隆五年，张姓从山东张庄寨迁于此（现址王桥乡麻花庄）处，耕作之余兼营麻花生意。自乾隆钦封村名后一直为清朝贡品。改革开放后，这一中华美食文化的历史奇葩才被挖掘出来，《中国食品报》、《中央电视台》等数十多家新闻媒体先后刊播了"能点燃的麻花"、"李县长题词麻花滩"、"民权有个麻花庄"等图片及新闻。

张氏贡麻花

1999年获"京九食品博览会金奖"，2000年被商丘市人民政府认定为"传统风味名优小吃"；2001年7月，贡麻花经中国技术监督情报协会审核，确认为"国家检测质量十佳放心品牌"，同时张培仁被批准加入"中国技术监督情报协会企业会员理事"；2002年，贡麻花被中国专利博览会组织委员会评为"中国专利博览会金奖"，并颁发了商标注册证。同年获"全国科技博览会金奖"，2003年获"河南名吃"称号。

周庄芝麻糖：程庄镇周庄芝麻糖在当地传承了200余年，在群众中享有很高的声誉。周庄芝麻糖的形状为长方形螺旋状，质量要求非常严格。经过200多年的发展完善，制作技艺越来越精细，现已成为颇受群众欢迎的特色食品。

周庄芝麻糖

秋水湖河蟹：民权县是产河蟹的好地方，这里的河蟹个大，体肥，肉多，味美。其中最著名的是"秋水湖"牌河蟹，它远销东南亚诸国。特别是近年来，民权县的河蟹养殖得到较快发展，到"十二五"初共发展养殖水面2.7万亩，受到了上级领导的嘉奖。2009年民权县被"中国河蟹协会"授予"中国河蟹之乡"荣誉称号。

秋水湖河蟹

民权葡萄酒：民权葡萄酒业始于1958年，是新中国最早建立的四家葡萄酒企业之一。在其半个多世纪的发展历程中，曾创立了"长城"、"民权"等享誉大江南北的品牌，获奖众多。

白葡萄酒是民权葡萄酒厂的拳头产品，用雷司令、意斯林、白羽、白丰等优质葡萄酿成，酒体澄清晶亮，果香清新，酒香优雅。

红葡萄酒选用北醇、佳酿、晚红蜜等优质葡萄精制陈酿而成，酒香浓馥，酸甜适口。

贵人香干白葡萄酒用酿酒专用的国际名贵品种贵人香葡萄为原料，柔细爽口，回味悠长。

佳醴酿干红葡萄酒用佳醴酿、法国蓝等优质品种分选加工酿成，色呈宝石红，澄清晶亮，浓洌幽香。1979年被评为国家优质酒。1979，民权葡萄酒被评为中国名酒，1988年被国家工商部授予"中国轻工产品出口银奖"1988年10月"民权"牌干白葡萄酒在法国巴黎第十三届食品博览会上获得特别金奖。1991年3月被列为中国重点发展的四个葡萄酒生产厂家之一。1993年5月被国家外经贸部授予产品进出口自主权。1994年6月，荣获北京第五届亚太国际贸易博览会金奖。2003年获国家原产地标记认证，是黄河故道产区唯一获得此认证的企业。2007年5月，"民权"牌霞多丽干白葡萄酒荣获瑞士国际

民权葡萄酒

评酒会银奖。2007年7月"民权"葡萄酒被河南省名牌战略委员会、省质量技术监督局授予"河南省优质产品"称号。2007年9月4日,"民权"贵人香精酿干白和民权牌赤霞珠干红两个产品双双荣获"克隆宾杯"首届烟台国际葡萄酒质量大赛三等奖。2007年11月,"民权"牌商标被河南省工商行政管理局和河南省商标协会认定为"河南省著名商标"。同月,两款民权"牌赤霞珠干红葡萄酒分别获得法国波尔多国际葡萄酒酒评酒会金奖、银奖。2009首届河南市场名酒品牌"金象奖"评选活动揭晓,通过读者投票、专家评选,民权牌葡萄酒与茅台酒、五粮液、剑南春、郎酒、古井贡酒、双沟大曲、汾酒被评为最受公众喜爱的中国名酒。2009年9月20日,"第三届中国葡萄酒经济年会暨秦皇岛·2009葡萄酒产业发展峰会",民权九鼎葡萄酒有限公司经专家推荐、读者投票及专家委员会审定,授予"2009年最具投资价值葡萄酒企业"称号。2009年9月24日,由烟台国际葡萄酒节组委会主办、国家葡萄酒质量监督检验中心协办、中国葡萄酒信息网承办的"克隆宾杯"第三届烟台国际葡萄酒大赛圆满结束,民权九鼎葡萄酒有限公司生产的民权牌赤霞珠干红葡萄酒荣获大赛金奖。2010年6月28日,在驻马店市会展中心举行的2010年全国农产品加工业投资贸易洽谈会上,民权县九鼎葡萄酒有限公司生产的民权牌奢藏级赤霞珠干红葡萄酒荣获2010年全国农产品加工业投资贸易洽谈会金奖。

双塔乡的扁核酸枣和花生:双塔乡扁核酸枣树栽植历史悠久,起始年代已不可考。

双塔乡花生

双塔乡大枣

　　该树喜沙壤，耐干旱，耐瘠薄，在双塔沙区栽培，根系发达，树冠丰硕，果实稠密，盛果期长，被河南省林业厅确认为优良树种。扁核酸枣，其核小且扁，长圆形，成熟时紫红发亮，生吃甜酸，果味重，含糖量高，晒干枣或煮鲜枣，其味比一般枣甜，果有弹性。其主要集中在范楼、陈堂、卓寨、阎寨、大曹、小阁寺、关帝庙、王马房一带。全乡扁核酸枣栽植面积4000余亩，35000余株，年产鲜枣200万公斤。1985年9月，澳大利亚《农林牧》杂志总编辑威尔逊及印度、尼泊尔等国林业专家、学者到双塔参观考察后，曾给予高度评价。

　　双塔花生品种多，更新快。20世纪五六十年代，花生品种退化，单产较低；七十年代，引进推广花生新品种山东伏、开农27，亩产量有所提高，亩产达170公斤，种植面积1.5万亩，总产达255万公斤；八十年代，推广种植花生新品种有徐州684、豫花7432、海花1号，亩产量提高到200公斤，种植面积扩大到3万余亩。九十年代以来，推广种植花生品种有海花一号、豫花七号、豫花九号、豫花11号等，亩产达250—300公斤，种植面积达6万余亩，总产近2000万公斤。2011年，大山子村村民杨树国种植的花生高产攻关田，经省、市、县专家组实地测产，花生单产达696.6公斤，创河南省花生单产新纪录。在第十七届中国杨凌农业高新科技成果博览会上，双塔花生荣获"优秀产品奖"。

人和镇苹果、水蜜桃：人和镇苹果栽培历史已有40多年，目前全镇苹果栽培面积3.2万亩，成为该镇农业经济的支柱产业。近年来，面对竞争日益激烈的果品市场，镇党委、政府审时度势，果断决策，通过科技培训、科技示范、科普宣传等措施，积极引导果农实施苹果改质工程，推广了果实套袋、树形改造、人工授粉、高枝换头等新技术，使苹果品种由过去的黄帅和秦冠逐步改造为现在的红富士、新红星、华冠、嘎啦、美八等5大优良品种，改造面积2.6万多亩，之外，积极调整农业种植结构，大力发展鲜桃产业，目前已发展到2200多亩，主要分布在内西、宁车湾、新庄等村，主要品种有曙光、突围、大久宝、中油4号、周油14等优质品种，亩产达5200多公斤，亩收入20000多元。如今的人和"水蜜桃"以其优良的品质吸引了八方客商，成了农民的主要经济来源。

民权葡萄：面积大、品种多、质量优是民权葡萄的三大特色。民权葡萄种植面积3000余亩，主要分布在双塔、人和、花园、城关、孙六、顺河、北关、程庄、王桥、胡

民权葡萄

集等乡镇。种植规模较大的有王桥、胡集、人和等乡镇。其中无公害葡萄种植面积500余亩，主要有夏黑、金手指等优质品种葡萄。葡萄无公害生产基地严格按照绿色葡萄生产规程操作种植，围绕葡萄产前、产中、产后三个环节进行标准化生产，统一管理、统一引进新品种，统一采购农资，严格按照标准化无公害产品要求种植，有完整的生产记录。农业局质检人员在上市前做到果树农药残留自检，从源头上把好质量关，确保消费者"舌尖上"的安全。

  每年5月-11月份是葡萄的采摘时间，省内外客商络绎不绝，前来采摘，集观光与经营与一体，经济效益和社会效益共赢。其中人和镇的"双飞葡萄基地"2012年被评为"河南省标准化生产基地"，2013年被河南省农业厅授予"河南省食品安全放心工程示范单位"，2014年5月被河南省农产品安全检测中心确定为"河南省三品一标示范基地创建单位"。

图书在版编目（CIP）数据

中国庄子文化之乡——河南民权 / 杨淑华 尚中兴主编 . -- 北京：中国文联出版社，2015.8
ISBN 978-7-5059-9392-1

Ⅰ．①中… Ⅱ．①、杨… Ⅲ．①民权县-概况
②庄周（约前369～前286）-人物研究 Ⅳ．①K926.14②B223.55

中国版本图书馆CIP数据核字(2015)第211000号

中国庄子文化之乡——河南民权

主　编：杨淑华 尚中兴

出 版 人：朱　庆

终 审 人：奚耀华　　　　　　　复 审 人：柴文良

责任编辑：王柏松 李婉君　　　　责任校对：付泉泽

封面设计：王　鹏　　　　　　　　责任印制：陈　晨

出版发行：中国文联出版社

地　　址：北京市朝阳区农展馆南里10号，100125

电　　话：010-65389142（咨询）65067803（发行）65389150（邮购）

传　　真：010-65933115（总编室），010-65033859（发行部）

网　　址：http://www.clapnet.cn

E - mail：clap@clapnet.cn

印　　刷：北京艺堂印刷有限公司

装　　订：北京艺堂印刷有限公司

法律顾问：北京市天驰洪范律师事务所徐波律师

本书如有破损、缺页、装订错误，请与本社联系调换

开　　本：710×1000	1/16
字　　数：150 千字	印　张：13
版　　次：2015 年 9 月第 1 版	印　次：2016 年 4 月第 2 次印刷
书　　号：ISBN 978-7-5059-9392-1	
定　　价：88.00 元	

版权所有　翻印必究